JN065253

世界でいちばん素敵な

お寺の教室

The World's Most Wonderful Classroom of Buddhist Temple

奈良・法起寺（ほっきじ）
の三重塔とコスモス畑。

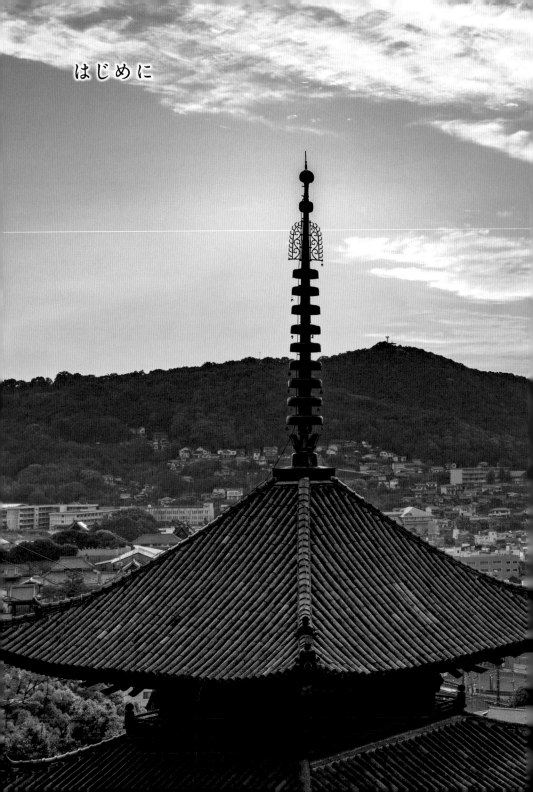

はじめに

その昔、お釈迦さまという、厳しい世を生きぬく教えを説いた聖者がいました。
その教えに魅了された無数のお弟子さまたちによって、
世界中に伝えられたのが仏教であり、その拠点がお寺です。

日本には、たくさんのお寺があります。
近所のお寺の静かなたたずまいに心が洗われたり、
修学旅行で出会った、ケタ違いに大きい仏さまに感激したり。
そんな経験が、誰にでもあるでしょう。

お寺で出会う仏像や建築物、絵画、音楽、自然、食べ物、香り、物語などは、
どれも仏教を五感で満喫できるよう形づくられたものであり、
私たちの毎日の疲れを癒やしてくれる、心の浄化装置です。

本書は、そんなお寺の風景が、あなたの心のセンサーに直接届くよう、
美しい写真とQ&A形式の解説で構成されています。

お寺の楽しみ方は人それぞれです。
本来はそこに身を置くだけでありがたいのですが、
お寺の秘密を深く知ることで、より大きなご利益が得られます。

本書を読むことによって、ふだんは気づくことができないお寺の秘密が、
楽しく、詳しく、わかりやすく学ぶことができます。
そして、いままで以上に大きな癒やしとご利益を得られるでしょう。

さあ、お寺めぐりの旅に出発しましょう!

松島龍戒

Contents
目次

京都・瑠璃光院
（るりこういん）
の机もみじ。

Q お寺って、
なんのためにあるの？

「奈良の大仏」として親しまれている奈良・東大寺の大仏。正式名称は盧遮那仏（るしゃなぶつ）といいます。

A 仏像をおまつりしたり、
修行をしたりするためにあります。

日本のお寺には、仏さまが安置されています。また、厄除けなどの祈祷（きとう）をしたり、冠婚葬祭を執り行ったり、お坊さんが修行をしたりする場所でもあります。

全国各地にあるお寺は、仏教活動の拠点となっています。

キリスト教、イスラム教、仏教は「世界三大宗教」といわれます。
キリスト教が教会を、イスラム教がモスクを活動拠点としているように、
仏教はお寺を中心に活動しています。

① 日本には、どれくらいのお寺があるの？

A 約77,000あります。

『宗教年鑑 令和元年度版』（文化庁）によると、全国各地のお寺の数は77,042。これはコンビニエンスストアの店舗数（55,852）をはるかに上まわります。都道府県別では1位が愛知県、2位が大阪府、3位が兵庫県です。

② とくに有名なお寺を教えて！

A 東大寺、延暦寺（えんりゃくじ）、金剛峯寺（こんごうぶじ）などがよく知られています。

東大寺は修学旅行の定番。滋賀・比叡山（ひえいざん）の延暦寺は、「伝教大師（でんぎょうだいし）」こと最澄（さいちょう）が創建したお堂をルーツとするお寺。高名なお坊さんを多数輩出してきたため、「日本仏教の母山」といわれています。和歌山・高野山（こうやさん）の金剛峯寺は「弘法大師（こうぼうだいし）」こと空海（くうかい）が開いたお寺で、山全体にたくさんのお寺が立っています。

東大寺（上）、金剛峯寺（右上）、延暦寺（右下）。
いずれも世界遺産に登録されているお寺です。

③ お寺にも"格付け"はあるの？

A 総本山を頂点とするヒエラルキーがあります。

お寺は宗派ごとに序列が決められています。最も位が高いのが総本山で、次が大本山。その下に本山や中本寺（ちゅうほんじ）、直末寺（じきまつじ）、孫末寺（まごまつじ）が続きます。

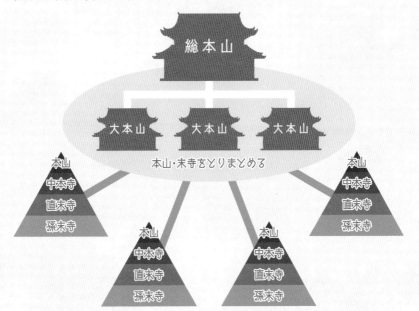

総本山

大本山　大本山　大本山

本山・末寺をとりまとめる

本山
中本寺
直末寺
孫末寺

本山
中本寺
直末寺
孫末寺

本山
中本寺
直末寺
孫末寺

本山
中本寺
直末寺
孫末寺

※宗派によって異なる場合があります。

④ お寺では、どんな体験ができるの？

A 坐禅や写経をしたり、精進料理を味わうことができます。

お寺は観光客を迎え入れるだけでなく、坐禅会や写経教室を開いていることがあります。さらにお坊さんが修行の一環として食べる精進料理を提供していることも。非日常の体験を味わえるのがお寺の魅力です。

坐禅や写経をすると、ご利益が得られると考えられています。

Q
日本でいちばん古い
お寺はどこ？

A
飛鳥寺です。

596年、ヤマト政権で権力を握っていた蘇我馬子（そがのうまこ）が奈良の飛鳥地域に建立したと伝えられる飛鳥寺は、日本最古の本格寺院と考えられています。

仏教が日本へ伝来すると、お寺の建立がはじまりました。

仏教の発祥は、お釈迦さまが誕生した約2500年前のインド。
インドのお坊さんたちはお釈迦さまの教えを学び、
瞑想をするために精舎に集いました。
それが現在の日本のお寺の起源です。

① お釈迦さまってどんな人？

A 悟りを開き、
仏教の開祖となった人です。

お釈迦さまは本名をガウダマ・シッダールタといい、古代インドの釈迦族の王子として生まれました。恵まれた環境にいましたが、29歳で出家をし、厳しい修行を積んで、35歳で悟りを開きます。そして人々に教えを説き、仏教の開祖となったのです。ちなみに、お釈迦さまは「悟りを開いた者、目覚めた者」という意味の「ブッダ」とも呼ばれます。

釈迦如来像。お釈迦さまは実在の人物です。

② インドにはどんな精舎があったの？

A 竹林精舎と祇園精舎がよく知られています。

竹林精舎は信徒の王さまから寄進された竹林に建てられた精舎で、お釈迦さまがしばしば説法を行いました。
祇園精舎は竹林精舎とともに「二大精舎」といわれ、『平家物語』に登場することでも有名です。

中インドにある竹林精舎（左）と祇園精舎（上）
の跡地。往時は布教と修行の拠点でした。

③ お寺の塔のルーツも古代インドにある?

A ストゥーパが塔の起源です。

お釈迦さまが亡くなると、「仏舎利(ぶっしゃり)」と呼ばれる遺骨を納めるための建物がつくられました。それがストゥーパ(仏塔)です。ストゥーパはやがて礼拝の対象となりました。

インド中部、サーンチーにある紀元前2世紀後半頃のストゥーパ。

---

④ 仏教はどんな経緯で日本へ伝わったの?

A 軍事支援の見返りとして、百済(くだら)から伝わりました。

仏教が日本へ伝わったのは6世紀、欽明(きんめい)天皇の時代です。当時、朝鮮半島にあった百済は隣国の新羅(しらぎ)と交戦中で、日本に援軍を求めます。日本が要請に応じると、百済の聖明王(せいめいおう)は見返りとして、仏像や経典を贈ってきました。これが日本への仏教伝来です。はじめは仏像を安置するためのお堂が造立され、やがて王族や豪族たちが次々とお寺を建てるようになったのです。

上が大阪の四天王寺(してんのうじ)、下が奈良の法隆寺(ほうりゅうじ)。ともに太子が建立したとされています。

聖徳太子と伝わる人物の肖像。太子は積極的に仏教を導入しました。

Q 奈良時代にはどんな
お寺がつくられたの？

東大寺の大仏殿。東大
寺は全国の国分寺の総
本山と位置づけられてい
ました。

Ａ 国を護るための国分寺が
各地に建立されました。

奈良時代、地震や疫病などの災いが頻発すると、聖武（しょうむ）天皇は仏教の教えに
よって国を護ろうとし（鎮護国家／ちんごこっか）、諸国に国分寺と国分尼寺（こくぶん
にじ）をつくらせました。それらの総本山が東大寺で、巨大な大仏も建立されました。

日本のお寺の姿や役割は、時代とともに変わっていきます。

時代が変われば、お寺も変わります。
仏教が発展するにつれてお寺も多様性を増し、
独自の文化を醸成していきました。
そうした気風は現在まで受け継がれています。

① 奈良時代のお寺に鎮護国家以外の役割もあったの?

A お経を読み、学習する場でもありました。

奈良の都では、南都六宗(なんとろくしゅう)という学問を重視する宗派が栄えました。お坊さんたちは各宗派が拠点とするお寺に居住し、お経の研究に尽力。当時のお寺は、学びの場としても機能していたのです。

南都六宗のひとつ、法相宗(ほっそうしゅう)のお寺である奈良・興福寺。

奈良・唐招提寺(とうしょうだいじ)も南都六宗のひとつ、律宗(りっしゅう)のお寺です。

② 平安時代のお寺はどんなふうに変わったの?

A 山に開かれ、修行の場としての性格が強まりました。

平安時代には、最澄と空海が唐から密教(みっきょう)を伝えました。そして最澄は比叡山に延暦寺を、空海は高野山に金剛峯寺を建立しています。深遠秘奥な密教を実践するためには、険しい山岳地帯がふさわしかったのです。

雲海に包まれた高野山。高野山は山全体が境内となっており、たくさんのお寺が集まっています。

③Q 平安時代末期のお寺について教えて！

A 社会の混乱を背景に、浄土系のお寺がつくられました。

平安時代末期から鎌倉時代にかけて、飢饉（ききん）や疫病（えきびょう）が多発しました。また、お釈迦さまが亡くなってから2000年後に世の終わりが近くなるという考えの「末法（まっぽう）思想」が流行したこともあり、「念仏を唱えるだけで阿弥陀さまが極楽浄土に連れていってくれる」という浄土思想が盛り上がります。その教えに基づき、極楽浄土を再現したような庭園を有する京都・平等院（びょうどういん）などのお寺がつくられました。

岩手・毛越寺（もうつうじ）。極楽浄土を表現した庭園が浄土式寺院の特徴です。

④Q では、鎌倉時代にはどう変わったの？

A 武家社会で禅宗が支持され、禅寺がつくられました。

鎌倉時代は武士の時代です。当時は坐禅修行によって悟りを開く禅宗が流行し、多くの武士たちに信仰されました。禅宗のお寺には石や砂で世界や宇宙を表現する枯山水（かれさんすい）庭園がつくられ、坐禅や瞑想を促したのです。

シンプルながら深遠な世界観を感じさせる京都・相国寺（しょうこくじ）の枯山水庭園。

★COLUMN★ 現在のお寺はどんな存在？

江戸時代になると、幕府の政策により、家単位で特定のお寺に所属する檀家（だんか）制度がつくられました。その結果、お寺と信徒はお葬式や法事を介した関係になり、それが現在にまで続いています。

こらむ 1 お寺と宗派

　もともと仏教に宗派というものは存在しませんでしたが、お釈迦さまが説いた教えの解釈や修行の方法の違いなどから、いくつもの宗派に分かれていきます。そして、お寺もそれに従うことになりました。

　日本では、まず飛鳥・奈良時代に奈良の都で三論宗、成実宗、法相宗、倶舎宗、華厳宗、律宗が成立しました。いわゆる「南都六宗」です。ただし、当時は宗派というほど厳密なものではなく、学派のようなものでした。その後、三論宗、成実宗、倶舎宗は独立の宗派とはならず、現存しているのは法相宗、華厳宗、律宗の3宗しかありません。

　平安時代には中国・唐で学んだ最澄と空海が天台宗と真言宗を開きました。

時代	飛鳥時代	奈良時代		平安時代		
宗派	法相宗	華厳宗	律宗	天台宗	真言宗	融通念仏宗
開祖	道昭	良弁	鑑真	最澄	空海	良忍
開宗年	653年	740年	759年	806年	816年	1117年
総本山	興福寺 薬師寺	東大寺	唐招提寺	延暦寺	金剛峯寺 ほか	大念佛寺
系統	奈良仏教系宗派			密教系宗派		浄土系宗派

日本のお寺は、
宗派ごとにまとまっています。

これは「平安仏教」と呼ばれるもので、とくに真言宗は密教の教えを主軸としています。

　平安時代末期から鎌倉時代に登場したのは「鎌倉仏教」と呼ばれる融通念仏宗、浄土宗、浄土真宗、時宗、臨済宗、曹洞宗、日蓮宗。天変地異や政情不安が相次いだことが新しい宗派の勃興につながりました。その後、江戸時代には中国・明から黄檗宗が伝わります。

　こうして日本仏教の主要な13宗が出そろい、そこからさらに細かい派が枝分かれしています。そしてお寺は、それぞれが属している宗派の教えのもとに活動を続けているのです。

平安時代			鎌倉時代			江戸時代
浄土宗	浄土真宗	臨済宗	曹洞宗	日蓮宗	時宗	黄檗宗
法然	親鸞	栄西	道元	日蓮	一遍	隠元
1175年	1224年	1191年	1227年	1253年	1274年	1661年
知恩院	西本願寺 東本願寺 ほか	妙心寺 建長寺 ほか	永平寺 總持寺	久遠寺	清浄光寺	萬福寺
浄土系宗派		禅系宗派		日蓮系宗派	浄土系宗派	禅系宗派

19

Q お寺には
どんな建物があるの?

四天王寺は中門から塔、金堂、講堂を一直線に並べています。22ページの図と合わせてみてください。

A 金堂、講堂、塔、経蔵などが あります。

お寺の主要な7つの建物、すなわち塔・金堂・講堂・鐘楼（しょうろう）・経蔵・僧房（そうぼう）・食堂（じきどう）を七堂伽藍（しちどうがらん）といいます（ただし、宗派によって七堂の種類は異なります）。

「伽藍」と呼ばれる建物が、
一定のルールの元に並んでいます。

お寺は七堂をはじめとする伽藍によって構成されています。
それらをどんな配置にするかは、
建てられた時代や教えによって異なります。
下の4つは飛鳥・奈良時代の伽藍配置の代表例です。

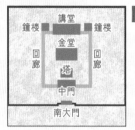

四天王寺式

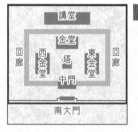

飛鳥寺式

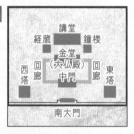

東大寺式

法隆寺式

東大寺の伽藍配置。
中央の大きなお堂が
大仏のある大仏殿。
その裏手にかつては
講堂がありました。

Q1 お寺でいちばん重要な建物はなに？

A 金堂（本堂）です。

金堂には、お寺のご本尊が安置されています。そのため最も重要とみなされ、お寺の中心に配置されているのです。なお、金堂は宗派によって名称が異なり、本堂、中堂、仏殿、大仏殿などとも呼ばれています。

法隆寺の金堂。

Q2 お寺の門が南側にあるのはどうして？

A 中国古来の考え方によるものです。

中国では古くから「地上を治める天子は南を向いている」と考えられてきました。その考えの元、仏像が南向きに安置されたため、南側に門ができたというわけです。

Q3 なぜ、お寺にも鳥居があるの？

A 神仏習合の影響です。

鳥居といえば、神道の施設である神社のシンボル。その鳥居がお寺の一角に建っていることがあります。これは「神さまは仏さまの教えを護る守護神である」「神さまと仏さまは一体である」という神仏習合の思想によるもの。神社とお寺は古くから密接につながっていたのです。

四天王寺の境内にも鳥居があります。

Q

お寺の入口に建つ
三門の「三」って、
なんの意味?

京都・南禅寺（なんぜ
んじ）の三門。高さは約
22mあり、楼上（ろうじょ
う）から京都の町並みを
一望できます。

A

「三解脱門」の略です。
さん　げ　だつ　もん

三解脱とは、欲望・怒り・愚かさという、いちばんの煩悩（ぼんのう）である三毒（さんどく）
から脱け出すこと。三門をくぐることにより、煩悩から解き放たれると考えられているのです。

参拝者を迎え入れるお寺の門は、「山門」があれば「三門」もある。

お寺の正門の一般的な名称は「山門」です。
平安時代以降、お寺が山に建てられるようになり、山号がついたため、
「山門」と書かれるようになりました。「三門」は禅宗のお寺に多い名称です。
一方、飛鳥・奈良時代のお寺は南に面して建てられたため、
「南大門」と呼ばれました。

① 日本でいちばん大きな三門を教えて！

A 高さ約24mを誇る
知恩院（ちおんいん）の三門です。

京都・知恩院の三門は日本に現存する木造建築で最大の門です。2番目に大きいのが先に紹介した約22mの南禅寺の三門、3番目は約21mの山梨・久遠寺（くおんじ）の三門です。これらは「日本三大三門」ともいわれています。

満開の桜に彩られた久遠寺の三門。

② 正門のほかに、どんな門があるの？

A 高位の人しか通れない勅使門（ちょくしもん）があります。

勅使門は、お寺の行事などで天皇やその使者を迎え入れるときに使われてきました。特別な門なので、通常は閉められています。

京都・仁和寺（にんなじ）の勅使門。
大正時代に再建されたものです。

③ 門の左右に立っている 怖そうな仏像はなに?

A お寺を守る門番です。

仁王門 (におうもん) の左右には、お寺の守護神としての役割を担う金剛力士 (こんごうりきし) 像が立っています。恐ろしい表情と姿をしているのは外敵を威嚇 (いかく) するためです。

東京・浅草寺の仁王門 (宝蔵門) と金剛力士像。通常、金剛力士像は口を開いた阿形 (あぎょう) と口を閉じた吽形 (うんぎょう) の2体で一対になっています。

④ お寺の門について、もっと教えて!

A 醍醐寺の唐門にはとても豪華な装飾が施されています。

京都・醍醐寺の唐門は天皇などが通る勅使門で、金色の紋章がついています。左右の紋章は天皇家の菊の紋、中央はこのお寺と関係の深い豊臣家の桐の紋です。

絢爛豪華な安土桃山文化らしい醍醐寺の唐門。

Q「四重塔」や「六重塔」を
みかけないのはなぜ?

A 陰陽思想の影響
という説があります。

お寺の塔の多くは「三重塔」や「五重塔」。偶数階の塔がないのは、古代中国
の陰陽思想で奇数を陽、偶数を陰と考えたからといわれています。

お寺に立っている塔のルーツは、お釈迦さまの遺骨を納めた建物。

お寺の塔の原型は古代インドのストゥーパ（仏舎利）とされ、
泥やレンガでつくられた丘状の建築物でした（13ページ）。
それが中国で楼閣建築と融合した結果、
三重、五重、七重などの塔が建立されるようになったのです。

① 日本でいちばん古いのはどこのお寺の塔？

A 法隆寺の五重塔です。

680年頃までに建立された法隆寺の五重塔が
現存最古の塔です。約32mの高さがありながら、
完成から1300年経った現在まで、一度も倒れ
たことがありません。法隆寺と同じ奈良にある法
起寺（ほっきじ）の三重塔（706年）が2位、薬
師寺の三重塔（730年）が3位となります。

法隆寺の五重塔。

② では、いちばん高いお寺の塔は？

A 木造なら東寺の五重塔、鉄筋なら清大寺（せいだいじ）の五重塔です。

東寺の五重塔は約55mの高さが
あり、木造の塔としては日本一で
す。福井・清大寺は1987年に
できた新しいお寺ですが、鉄筋コン
クリート造りの高さ約75mの五重
塔があります。

東寺の五重塔（左）と
清大寺の五重塔（右）。

③ 塔の内部はどうなっているの？

A 仏さまの世界が広がっています。

仏像がおまつりされていたり、壁面や柱に仏画が描かれているなど、
塔の内部では仏さまの世界が展開されています。

---

④ 屋根の数が多いほど、
塔の価値は高いの？

A そんなことはありません。

日本のお寺の塔を屋根の数で分類すると、三重塔と五重塔が多いです。現存しませんが、東大寺には七重塔があったと伝わり、明治時代まで多武峯妙楽寺（とうのみねみょうらくじ）と称した奈良・談山神社（たんざんじんじゃ）には十三重塔が立っています。でも、屋根の数が多いほうが塔として価値が高いということはありません。どの塔も等しく尊いものです。

左から談山神社の十三重塔、奈良・興福寺の三重塔、和歌山・根来寺（ねごろじ）の大塔。

★COLUMN★ 法隆寺の五重塔の秘密

法隆寺の五重塔が長年倒壊しなかった要因については、さまざまな説があります。通常、塔は心柱（しんばしら）を心礎（しんそ）という石が支える構造になっています。法隆寺の五重塔の場合、心柱が直径約80cmもあり、それが全体を支え続けたからとか、地震の揺れと塔の揺れるリズムが共振しないようにできているからなどといわれていますが、真相はわかっていません。

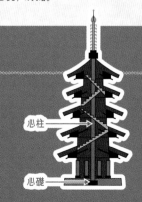

心柱

心礎

Q

本堂では、
なにが行われるの？

A

お経を読んだり、
お祈りしたりします。

ご本尊を安置している本堂は、お寺のなかでいちばん重要な建物。ここでお坊さんがお経を読んだり、お祈りしたりします。また、信徒を集めて法要を行うこともあります。本堂は金堂、中堂、仏殿（大仏殿）などとも呼ばれます。

本堂はお寺の中心となる建物で、ご本尊が安置されています。

本堂内部は、内陣と外陣に分かれています。
ご本尊は正面中央に位置する内陣の須弥壇におまつりされており、
その手前でお坊さんがお経を読んだりします。
一方、外陣は礼堂と呼ばれることからもわかるように、
礼拝するための空間で、一般の人々も立ち入ることができます。

① 須弥壇ってなに?

A 仏教世界にあるとされる山を模したものです。

仏教では、世界の中心に標高56万kmもの須弥山がそびえており、須弥山のはるか上に仏さまが住む悟りの世界があると考えられています。須弥壇はそんな須弥山をふまえてつくられました。

須弥山のイメージ。山の上に仏さまがいます。

② 日本でいちばん大きい本堂を教えて!

A 東大寺の大仏殿です。

約15mの盧遮那仏を納める東大寺の大仏殿は、高さ約48m、幅約57mもある超巨大な木造建築です。現在の建物は江戸時代に再建されたものですが、創建当時はもっと大きく、幅が約86mもあったそうです。

圧倒的スケールを誇る東大寺大仏殿。

③ 本堂の裏手によくある建物はなに？

A 講堂です。

講堂はお坊さんたちが経典の講義をしたり、説法をしたりする場所。いわば勉強部屋です。法隆寺のように、本堂の背後にあるケースが多いです。なお、禅宗のお寺では法堂（はっとう）といい、住職が弟子に説法をします。

奈良・唐招提寺の講堂。

④ 経典を納める建物もあるの？

A 経蔵がその役目を担っています。

経蔵とは、経典を納めるための建物です。大きなお寺の経蔵には膨大な数の経典が所蔵されており、遠方からお坊さんが研究にくることもありました。つまり、図書館のような役割の建物といえるでしょう。

京都・仁和寺（にんなじ）の経蔵。

⑤ 仏さまの名前がついているお堂はなに？

A お堂におまつりされている仏さまの名前をつけることがあります。

そのお寺にとって最も大切な仏さまはご本尊として本堂におまつりしますが、ご本尊以外の仏さまをお堂ごとにおまつりするケースがあります。たとえば、阿弥陀如来（あみだにょらい）をおまつりするお堂は「阿弥陀堂」、毘沙門天（びしゃもんてん）をおまつりするお堂は「毘沙門堂」などといいます。

京都・佛光寺（ぶっこうじ）の阿弥陀堂。

京都・神護寺（じんごじ）の毘沙門堂。

Q お寺の鐘を鳴らすのは
なんのため？

法隆寺の鐘。毎日8時・10時・12時・14時・16時に鳴らされています。

Ａ 時刻を知らせるためです。

時計のない時代、庶民は正確な時刻を知ることができませんでした。
そこでお寺は時報代わりに鐘を鳴らしていたのです。

お寺の風流を感じることができる、鐘や魚鼓の音、手水舎の水の流れ。

お寺にはこれまで紹介してきたほかにも、さまざまな建物や施設があります。
お寺のシンボルのひとつである鐘、禅寺でよく見かける魚鼓、
参拝時に欠かせない手水舎や賽銭箱などについて知っておきましょう。

① お寺の鐘の表面にボツボツがついているのはなぜ？

A 音をよくするためです。

お寺の鐘の上のほうについている突起物は乳（ち）といい、等間隔で並んでいます。このような形状にしているのは、音響効果を高めるためといわれています。ちなみに、乳は全部で108個ついています。そう、人間の煩悩（ぼんのう）の数と同じなのです。

京都・方広寺（ほうこうじ）の鐘。上部に乳が見えます。

② 木製の魚がぶら下がっていることがあるけど、いったいなに？

A 時刻を知らせるための禅寺特有の法具です。

禅寺を訪れると、大きな木製の魚がぶら下がっています。これは「魚鼓」、あるいは「魚板（ぎょばん）」などと呼ばれる法具で、口にくわえた丸い部分を叩いて時刻を知らせます。魚は目を閉じることがありません。そこでお坊さんたちは「魚を見習って修行に励もう」と自戒の念を込めて、魚の形にしたのです。

京都・萬福寺（まんぷくじ）の回廊につるされている魚鼓は、2mくらいある巨大なもの（左）。なお、魚鼓は木魚（上）の原型でもあります。

③ なぜ、手水舎の水口に龍がいるの?

A 水を司る神さまだからです。

お寺に参拝するときは、まず手水舎で手と口を清めます。神道に由来する行為ですが、お寺でも普通に行われています。この手水舎で龍の飾りをよく見かけるのは、龍が水を司る神さまとして崇められてきたからです。

龍の飾りはお寺だけでなく神社でもよく見かけます。

④ お寺でお賽銭をあげる理由は?

A 実は、修行のひとつです。

お賽銭をあげて、鈴を鳴らし、合掌してお祈りする──。お寺を参拝したときのお決まりの行為です。この行為について、仏さまにお願いをする代わりにお賽銭をあげている、と思っている人が多いのではないでしょうか。その考え方は間違いです。お賽銭は、仏教の修行のひとつであり、「惜しむことなく与える」という意味の「お布施（ふせ）」に由来する行為。あくまで施しですから、仏さまと"取引"するような気持ちであげるのはよくないのです。

お賽銭＝お布施というのが正しい考え方です。

★COLUMN★　賽銭泥棒が許されるお寺がある!?

　兵庫・清荒神清澄寺（きよしこうじんせいちょうじ）では、他人がお供えしたお賽銭を持ち帰ることができます。「賽銭泥棒!」と怒られそうですが、その心配はありません。お賽銭を持ち帰ると金運がよくなるとされ、お寺が持ち帰りを認めているのです。ただし、次に参拝したときにはお賽銭を倍にして返すのがルールです。

京都・大原にある宝泉院（ほうせんいん）の庭園。書院の柱と柱の空間を額縁（がくぶち）に見立てて鑑賞する「額縁庭園」の形式になっています。巨木は樹齢推定700年の五葉松（ごようまつ）。

A 仏さまの理想の世界です。

お寺には庭が欠かせません。庭には作庭する人の理想が表れるといわれるように、お寺の庭も仏さまの理想の世界が具現化されています。

教えにしたがってつくられた
意味深な庭園の数々。

浄土式庭園、池泉回遊式庭園、枯山水庭園など、
お寺の庭園はいくつかのパターンに分類できます。
平安時代末期に末法思想が流行するなかで浄土式庭園がつくられ、
鎌倉時代から室町時代以降は池泉回遊式庭園や枯山水庭園が、
さかんにつくられました。

① 浄土式庭園の「浄土」って、極楽浄土のこと?

A その通りです。極楽浄土を表現しようとした庭園です。

平安貴族たちは末法の世を克服する教えとされた
浄土教を信じ、現世に極楽浄土をつくろうとしました。
蓮（はす）の花がきれいな池に舟が浮かび、緑豊か
な木々から鳥の声が聞こえてくる……。そんな世界
観をイメージして、浄土式庭園をつくったのです。

極楽浄土で阿弥陀如来が説法する様子
を描いた『浄土曼荼羅（まんだら）図』。

② 池泉回遊式庭園ってどんな庭園?

A 池の周囲をまわりながら鑑賞するようにつくられています。

仏教の教えや不老不死を願う
神仙（しんせん）思想を石組みな
どで表現しています。大きな池
が中心にあり、その周りを経路に
したがって進んでいくと、美しい
風景が展開します。

京都・醍醐寺三宝院（だいごじさん
ぽういん）の池泉回遊式庭園。豊
臣秀吉が基本設計をしました。

③ Q では、枯山水庭園が示そうとしているのはなに？

A 禅の精神です。

枯山水庭園は、その名のとおり水が一滴もなく、石と白砂で水の流れを表現しています。
禅の精神を象徴的に示したもので、禅宗のお寺で見ることができます。

京都・龍安寺（りょうあんじ）の枯山水庭園。

④ Q 有名な作庭家っているの？

A 夢窓疎石の右に出る者はいません。

夢窓疎石は鎌倉時代末期から室町時代にかけて活躍した臨済宗の僧侶です。後醍醐（ごだいご）天皇や足利尊氏らの庇護のもと、禅の教えを広めました。造園技術にも優れており、京都・天龍寺（てんりゅうじ）や西芳寺（さいほうじ）などに多くの名勝庭園をつくりました。

天龍寺の曹源池（そうげんち）庭園（上）は質素な禅文化と優美な王朝文化が融合した庭園。「苔寺（こけでら）」として知られる西芳寺の庭園（下）は、絨毯のような緑の苔が魅力的です。

月光菩薩

Q 仏さまにも
種類があるの？

薬師寺（やくしじ）の薬師三尊（やくしさんぞん）像。中央に鎮座するのが薬師如来。右に日光（にっこう）菩薩、左に月光（がっこう）菩薩が控えています。

薬師如来

日光菩薩

A 4種類に分かれています。

多様な仏さまが生まれ、それらの像がつくられました。

最初はお釈迦さまの仏像しかありませんでしたが、
人々の願いから多様な仏さまが生み出されます。
それらは「如来」「菩薩」「明王」「天」に分類され、
如来を頂点とするヒエラルキーを形成しています。

如来 悟りを開いた仏さまの世界のリーダー

菩薩 悟りの世界と現世の橋渡しをする

明王 教えに従わない者を導き、敵を滅する

天 仏さまの世界を警護する役目を担う

最初の仏像がつくられたのはいつ頃?

A 紀元1世紀頃といわれています。

お釈迦さまはあまりに尊い存在だったため、お釈迦さまが亡くなってから数百年は、その姿を模した仏像がつくられることはありませんでした。当時はお釈迦さまの足跡を石に刻んだ仏足石(ぶっそくせき)や、説法になぞらえた法輪(ほうりん)などによって、お釈迦さまを象徴的に表していました。現在のような仏像がつくられるようになったのは、紀元1世紀頃からと考えられています。

法輪(左)と仏足石(右)。
法輪はお釈迦さまの教え
が車輪のように広まること
を示しています。

Q2 日本でいちばん古い仏像は?

A 飛鳥大仏です。

奈良・飛鳥寺の安居院(あんごいん)にある、銅製の丈六(じょうろく)釈迦如来坐像が日本最古級の仏像だといわれています。606年、聖徳太子の命によりつくられました。ただし、なんども火災にあっており、製作当時の姿が残っているのは顔と手の一部だけです。

「飛鳥大仏」として知られる丈六釈迦如来坐像。

Q3 なぜ仏像には色がついていないの?

A 昔は金ピカでした。

日本の仏像の多くは黒ずんだ色をしているイメージが強いですが、製作当時は金色に輝いているものがたくさんありました。それは「仏さまの体は黄金色に輝いている」というお経の記述にもとづくもので、長い歳月のなかで金箔がはがれ落ちたため現在の色になったのです。技術的に塗り直しできないわけでもありませんが、本来の姿とはかけ離れて文化的な価値が失われかねないため、安易な修復はされません。ちなみに、東南アジアでは金ピカの仏像をよく目にします。金ピカのほうが信心を集めやすいためです。

Q4 日本で仏像をつくったのはどんな人?

A 「仏師」と呼ばれる人たちです。

飛鳥時代には渡来人(とらいじん)の子孫とされる鞍作止利(くらつくりのとり)という仏師が活躍しました。彼は日本初の本格的仏師とされ、前出の飛鳥大仏や法隆寺の釈迦三尊像などをつくりました。その後、平安時代に定朝(じょうちょう)という名匠が登場すると、彼の工房から優れた弟子が多数輩出されます。鎌倉時代に活躍した運慶(うんけい)や快慶(かいけい)も、その流れから出てきた仏師です。

運慶がつくった東大寺の金剛力士像。

興福寺の阿修羅像。3つの顔と3対の腕をもち、正面の顔の眼差しからは憂いが感じられます。

Q

人気の仏像について
教えて!

A

こう ふく じ　　　あ しゅ ら
興福寺の阿修羅像は
常にランキング上位です。

ハンサムな顔立ちとスリムな身体。仏像界のアイドルのような存在です。
阿修羅はもともとインドの悪神でしたが、のちに仏教の守護神になりました。

イケメン、美人、顔だけ（!?）……、
個性豊かな仏像たち。

仏像は信仰の対象であるとともに、お寺の宝でもあります。
仏像観覧を楽しみに、お寺めぐりをしている人も多いでしょう。
お堂に安置されていても、博物館に展示されていても、
仏像のありがたみは同じです。
心と心を通じ合わせてお参りしましょう。

① 美人な仏像ってある？

A 楊貴妃観音像は
思わず見惚れてしまいます。

楊貴妃といえば「世界三大美女」のひとり。唐の玄宗（げんそう）皇帝の妃で、あまりの美しさから国を混乱に陥れてしまったほどです。その楊貴妃をしのんでつくられたといわれているのが京都・泉涌寺（せんにゅうじ）の楊貴妃観音像。楊貴妃の生き写しのように美しく、美と良縁を願う多くの女性が参拝に訪れるそうです。

泉涌寺の楊貴妃観音像。彼女の等身大の坐像という説があります。

② 上野公園に
顔だけの仏像があるんだけど……。

A 胴体は戦争に使われてしまいました。

東京・上野公園内の丘の上に、仏像の顔があります。胴体はなく、頭部だけです。これは近くにある寛永寺（かんえいじ）の大仏で、通称「上野大仏」といいます。江戸時代に造立されたときには胴体もあったのですが、関東大震災で頭部が落下し、第二次世界大戦時に胴体が軍に徴用されてしまいました。その結果、顔だけになってしまったのです。

大正時代の上野大仏（上）と現在の姿（左）。「これ以上落ちない大仏さま」として、受験生の間で人気を集めています。

Q3 仏像はお寺に行けば いつでも見られるの？

A 拝観できない「秘仏」もあります。

秘仏は厨子（ずし）のなかにしまわれていて、自由に拝観できません。月に一度、年に一度、数年に一度というように定期的にご開帳（かいちょう）されるものもありますが、未来永劫ご開帳されないものもあります。秘仏にするのは人間と一線を画すためや強すぎる仏さまの力を抑えるためなどとされています。

長野・善光寺（ぜんこうじ）のご本尊は未来永劫ご開帳されない絶対秘仏です。ただし7年に一度、ご本尊とまったく同じ姿の前立本尊を本堂に遷してお参りできるようにしています。その際、本堂の前に前立本尊とひもでつながった回向柱（えこうばしら）が立てられ、柱に触れる人々にご縁をもたらしてくれます。

Q4 仏像の体内って どうなっているの？

A 体内からさまざまな納入品が 発見されています。

木材で仏像をつくる場合、干割（ひわ）れを防ぐために、体内をくり抜いてがらんどうにしますが、そのなかにお経やミニチュア仏像、信者の名簿などを入れることがあります。仏像が完成すると、魂を込める儀式が行われます。その儀式の一環として大切なものを入れるのです。

Q5 たくさんの仏像を 彫った仏師っている？

A 円空が彫った木彫りの仏像は、 12万体にもなります。

円空は江戸時代のお坊さんです。諸国で禅の教えを広めつつ、円空仏と呼ばれる木造の仏像をつくってまわりました。その数は生涯で12万体にもなるそうです。

円空仏は鉈彫（なたぼ）りによる素朴で大胆な作風が特色です。

釈迦如来立像（出山釈迦
立像）。釈迦如来像は、
お釈迦さまをモデルにした
仏像の基本形です。

悟りを開いたお釈迦さま（如来）は仏さまの頂点に位置する存在です。

如来とは「悟りを開いた者」を意味し、
本来は仏教の開祖であるお釈迦さまのことだけを指します。
それが仏教の解釈が多様化したことにより、
阿弥陀如来、薬師如来、
大日如来など、
まざまな如来が登場することになりました。

「アフロ大仏」として親しまれている京都・金戒光明寺（こんかいこうみょうじ）の五劫思惟（ごこうしゆい）阿弥陀仏。

① なぜ如来はパーマをかけているの？

A 天然パーマです。

お釈迦さまは出家してから6年以上、厳しい修行に打ち込み、悟りを開きました。その間、髪を切る余裕がなく、伸び放題になっていたため、巻貝のようにカールしてしまったとされています。この如来独特の髪型を「螺髪（らほつ）」といいます。

阿弥陀如来立像。横から見ると、傾き具合がよくわかります。

② 阿弥陀如来の特徴を教えて！

A 横から見ると傾いています。

阿弥陀如来立像は前傾姿勢をとっています。台座に固定しにくいから傾いている、というわけではありません。阿弥陀如来は極楽浄土に往生しようとしている人を見つけると、すぐさまその人の元に駆けつけて救ってくれます。そのスピード感を表すため、わざと前のめりにつくられているのです。

千手観音菩薩坐像。千
の手の1つ1つについて
いる眼で人々を見つめ、
もれなく救済してくれます。

姿を変え、世界を渡り歩いて、あらゆる方法で救うのが菩薩。

菩薩は如来になる前、修行時代の仏さまです。
33通りの姿に変身して人々を救済する観音菩薩、
6つの世界を渡り歩いてどんな人々も救ってくれる地蔵菩薩、
お釈迦さまの次に如来になる弥勒菩薩、
さらに文殊菩薩、普賢菩薩などがいます。

① 千手観音菩薩の手は 本当に1000本あるの?

A 実は、42本の像が多いです。

さまざまなタイプがある観音菩薩のなかで、最も有名なもののひとつが千手観音菩薩です。その名のとおり1000本の手をもっていると思いきや、実際に1000本もっている像はほとんどありません。よく見られるのは胸の前で合掌する2本、左右にそれぞれ20本ずつを配した合計42本の像。42本がそれぞれ25の世界を救い、掛け合わせると1000を超えるというわけです。

② お地蔵さまも菩薩なの?

A 地獄で子どもを救ってくれます。

道路脇などでよく目にするお地蔵さまも、立派な菩薩です。お釈迦さまが亡くなり、次の如来である弥勒菩薩が現れるまでの間、すべての人々を救ってくれるとされます。また、地獄に堕ちた人々の救済者でもあり、賽(さい)の河原(かわら)で苦しめられている子どもを助けてくれるともされています。

菩薩は一般的にアクセサリーなどの装飾品を身につけていますが、地蔵菩薩はお坊さんの姿をしています。

教えに従わないわからず屋を、
明王は怒りの表情でねじ伏せる。

明王は恐ろしい姿をしています。
炎をかたどった光背を背負って武器を手にし、
表情は牙をむき出しにした忿怒の相。
その勇ましい姿は戦国武将からも信仰を集めました。

① なぜ、そんなに恐い顔をしているの？

A 深い煩悩にとらわれた人々を相手にするからです。

世の中には深い煩悩にとらわれ、仏の教えを聞き入れられなくなってしまった人々がいます。そんな人々を教えに導くのが明王の役目。それゆえ、如来は菩薩の優しそうな顔とは対照的な、怒りに満ちた表情をしているのです。

愛染（あいぜん）明王坐像。ほとんどの明王が恐ろしい表情をしています。

② 優しい顔の明王はいないの？

A 孔雀明王は例外です。

忿怒の相が代名詞になっている明王ですが、孔雀の背に乗った孔雀明王は女性的な優しい表情をしています。明王というより、菩薩のようです。これは孔雀明王がもともとヒンドゥー教の女神だったことによるものです。孔雀は毒蛇を食べるため、古代インドで神格化されました。

孔雀明王像。菩薩のように優しい姿の孔雀明王は、孔雀王母（くじゃくおうぼ）菩薩とも呼ばれます。

インドの神が仏教に取り込まれ、いまは仏教界で大活躍している天。

天は如来・菩薩・明王と人間の間に位置しています。
もともとは古代インドの神さまでしたが、
仏教に取り込まれ、仏教の守護神となりました。
武将や貴人、半獣半人など、その姿は個性豊かで、
人々に現世での幸せをもたらしてくれます。

Q どんな天がいるの?

A 四天王や大黒天、弁財天、閻魔天などが有名です。

四天王は持国天（じこくてん）、増長天（ぞうちょうてん）、広目天（こうもくてん）、毘沙門天（びしゃもんてん）からなり、
それぞれが東西南北の四方を守っています。「大黒さま」として親しまれている大黒天は柔和な笑顔が印象的で、
商売繁盛の神さまとして「七福神」の一神にも数えられています。弁財天は琵琶（びわ）のような楽器を手にした
女神。技芸上達のご利益で人気を集めています。さらに地獄の世界で罪を裁く閻魔さまも、閻魔天という天です。
古代インドのヤマ神が中国に伝わり、仏教に取り入れられました。

小槌と大袋が特徴の大黒天。

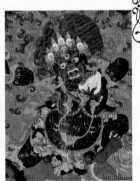

閻魔天のルーツとされるヤマ神。

四天王のひとりである毘沙門天。

弁財天は琵琶を手にしています。

仏教発展に尽力したお坊さんや、
日本の神さまも仏像になっています。

仏像としておまつりされているのは如来・菩薩・明王・天だけではありません。
お釈迦さまの高弟など、最高位のお坊さんである羅漢、
日本仏教の発展に貢献した最澄や空海などの高僧、
日本古来の神さまが人の姿で現れた垂迹神も像となって崇拝されています。

① お釈迦さまには
どんな弟子がいたの？

A　十大弟子が有名です。

お釈迦さまにはたくさんの弟子がいましたが、そのなかで最も優れていたとされる10人を「十大弟子」と呼びます。舎利弗（しゃりほつ）、目犍連（もくけんれん）、摩訶迦葉（まかかしょう）、阿那律（あなりつ）、須菩提（しゅぼだい）、富楼那（ふるな）、迦旃延（かせんねん）、優婆離（うばり）、羅睺羅（らごら）、阿難陀（あなんだ）のことです。

最も多く説法を聞いたとされる阿難陀。

② なぜ日本古来の神さまが
仏教に取り込まれたの？

A　本地垂迹説の影響です。

日本古来の神さまには姿形がありませんでした。しかし仏教が伝わると、仏さまが神さまに姿を変えて人々の前に現れると信じられるようになります。これを「本地垂迹説」といい、仏さまと神さまがひとつに結びつけられたのです。これが「神仏習合（しんぶつしゅうごう）」です。

③ 垂迹神をもっと教えて！

A　たとえば蔵王権現がいます。

権には「仮」という意味があり、権現とは仏さまが仮に神さまの姿となって現れたときの名称です。蔵王権現は山にこもって悟りを開く修験道（しゅげんどう）のお寺で信仰されています。

蔵王権現立像。恐ろしい姿ですが、過去・現在・未来で人々を救ってくれます。

Q 「清水の舞台」から
　飛び降りた人っているの？

清水寺。その舞台は急な崖に張り出すようにつくられています。

A 江戸時代、縁起担ぎで飛び降りる人が続出しました。

京都・清水寺には「ご本尊に命を預けて舞台から飛び降りれば、願いがかなう」といういわれがあり、江戸時代に234件の飛び降りが発生、200人が生還したと伝わります。

世界遺産に登録されている、
歴史的・文化的に貴重なお寺。

国連のユネスコによる世界遺産のなかには、数多くの宗教施設が含まれています。
日本には京都・奈良を中心に、世界遺産に登録されたお寺がたくさんあり、
世界各地から多くの観光客を集めています。

世界遺産の東寺は京都のランドマークです。京都駅からも五重塔が見えます。

Q 京都には
東寺があるけど、
西寺はないの?

A かつては存在していました。

東寺は京都のシンボルともいえる、木造としては日本でいちばん高い五重塔を擁するお寺です。その東寺と対になる形で建てられたのが西寺(さいじ)です。平安京造営時、東寺とともにつくられたお寺で、その名のとおり、羅城門(らじょうもん)の西側に位置していました。東寺は栄えましたが、西寺は990年の火災で焼失し、荒廃してしまいました。

平安京復元模型。東寺と対称の位置に西寺が見えます。

大内裏
朱雀門
朱雀大路
西寺　東寺
羅城門

② 金閣や銀閣があるなら銅閣もある?

A 銅閣も実在します。

金箔をちりばめた派手な「金閣」こと鹿苑寺(ろくおんじ)、シックで気品漂う「銀閣」こと慈照寺(じしょうじ)。どちらも抜群の知名度を誇り、世界遺産にも登録されています。この2寺に比べると知名度は低く、格落ちしてしまいますが、「銅閣」も存在します。場所は織田信長・信忠を弔うため1587年に建立された大雲院(だいうんいん)の敷地内。1928年、大倉財閥の創業者である大倉喜八郎が建造したもので、正式名称は祇園閣(ぎおんかく)といいます。

銅閣こと祇園閣。扉や屋根に銅が使われています。

③ 京都の世界遺産寺院をもっと教えて!

A 高山寺(こうざんじ)がおすすめです。

高山寺は鎌倉時代初期に明恵上人(みょうえしょうにん)が再興したお寺。上人が後ろの山に茶の種子を植えたことから、「日本最古の茶園」としても知られています。そして、ここは日本最古の漫画とされる『鳥獣人物戯画(ちょうじゅうじんぶつぎが)』を所蔵するお寺でもあります。

『鳥獣人物戯画』は平安後期〜鎌倉初期につくられた絵巻です。

④ 日本初の世界遺産として登録されたお寺はどこ?

A 奈良の法隆寺と法起寺です。

法隆寺と法起寺は「法隆寺地域の仏教建造物」として、1993年に世界遺産登録されました。法隆寺地域には世界最古の木造建築が数多く残されており、日本の宗教建築に大きな影響を与えたことが評価された理由です。

法隆寺に所蔵されている百済観音立像(模造)。

Q お坊さんが全国から
　集まってくるお寺ってある？

永平寺の唐門（からもん）。永平寺は約10万坪の境内に、70のお堂が建っています。

A 永平寺には多くの修行僧が集合します。

各宗派のお寺を統括するお寺は、立派なつくりのものが多いです。

天台宗は延暦寺、真言宗は金剛峯寺、浄土宗は知恩院、
浄土真宗は西本願寺、臨済宗は妙心寺、曹洞宗は永平寺、
日蓮宗は久遠寺……といった具合に、
各宗派にその宗派のお寺をとりまとめる格式の高いお寺があります。
それらは「総本山」や「大本山（本山）」と呼ばれています。

① 延暦寺について教えて！

A 名だたる高僧をたくさん輩出してきた「日本仏教の母山」です。

天台宗の総本山である延暦寺は、宗祖最澄（さいちょう）が平安時代に比叡山の山中に創建したお寺です。浄土宗の法然（ほうねん）、浄土真宗の親鸞（しんらん）、日蓮宗の日蓮、臨済宗の栄西（えいさい）、曹洞宗の道元（どうげん）など、重要な宗派の宗祖となったお坊さんがここから次々と輩出され、日本仏教が大きく発展したため、「日本仏教の母山」と呼ばれるようになりました。

延暦寺の中心である根本中堂。延暦寺は比叡山全体を境内としている大規模なお寺です。

② 総本山で行われている有名な儀式ってある？

A 空海に供物を捧げる儀式が、金剛峯寺で行われています。

高野山全体を境内とする金剛峯寺は、最澄と並び称される高僧の空海が創建した真言宗の総本山です。このお寺の最深部にある奥之院（おくのいん）では、空海がいまも祈りを捧げていると信じられています。その空海に食事をお供えに行くのが生身供（しょうじんぐ）という儀式で、空海が亡くなってから約1200年も続けられています。

奥之院で催されている生身供の様子。

③ 西本願寺と東本願寺はなにが違うの？

A 同じ浄土真宗の
本山ですが……。

京都の街中にある西本願寺と東本願寺
は、どちらも浄土真宗のお寺です。ただし、
西本願寺は本願寺派、東本願寺は真宗
大谷派と別の派に属しています。戦国
時代、織田信長が石山本願寺を攻めた
石山戦争をきっかけに派閥が生まれ、
1602年に東本願寺が創建されたことに
より、東西本願寺の対立がはじまりました。

「お東さん」の呼び名で親しまれている東本願寺。

---

④ 日本に中国風のお寺ってある？

A 京都の萬福寺（まんぷくじ）は中国式です。

禅の教えを根本とする禅宗のうち、黄檗宗（おうばくしゅう）は江戸
時代に隠元隆琦（いんげんりゅうき）という中国人のお坊さんによっ
て日本にもたらされました。隠元は京都・宇治に拠点とするお寺
を建てる際、明（みん）の建築様式を踏襲することを希望。その
結果、なにからなにまで中国風の萬福寺ができ上がったのです。
現在、萬福寺は黄檗宗の大本山となっています。

萬福寺の総門。中国の雰囲気が漂います。

---

⑤ 石段の段数って意味があるの？

A 久遠寺（くおんじ）の石段は題目と関係あります。

日蓮宗の宗祖日蓮が身延山に創建した総本山の久遠寺。ここ
には「菩提梯（ぼだいてい）」と呼ばれる287段の石段があります。
日蓮は『法華経（ほけきょう）』の教えがいちばん大切だと考え、「南
無妙法蓮華経（なむみょうほうれんげきょう）」の題目（だいもく）を
唱えれば救われると説きました。題目は7文字で、41回唱えると
287。それがこの石段の段数になっているといわれています。

久遠寺の287段の石段。

Q

絶景のお寺を教えて!

立石寺の展望台ともいえる五大堂（左）。その舞台に立つと、眼下に見事な絶景が広がります。

A

立石寺（りっしゃくじ）は外せないでしょう。

江戸時代の俳聖・松尾芭蕉は、山形の宝珠山（ほうじゅさん）に張りつくように建っている立石寺を訪れ、「閑（しずか）さや　岩にしみ入る　蝉（せみ）の声」という名句をしたためました。

美しすぎる景色、心が癒される眺望、筆舌に尽くしがたい眺め……。

日本には絶景を堪能できるお寺がたくさんあります。
息をのむほど素晴らしい絶景が、
お寺の魅力をよりいっそう高めてくれています。

① ほかにも絶景のお寺はある？

A 千光寺（せんこうじ）も有名です。

故・大林宣彦（おおばやしのぶひこ）監督の映画『転校生』の舞台として知られる広島・尾道。この瀬戸内海の港町を見下ろすように建っているのが千光寺です。空海が創建したと伝わる古刹で、「赤堂」と呼ばれる本堂は尾道のシンボルのひとつになっています。千光寺公園や千光寺ロープウェイのゴンドラから見る絶景を楽しみに、多くの観光客が訪れます。

大宝山（たいほうざん）の中腹の斜面にお堂が建っています。

② インスタ映えするお寺をもっと教えて！

A 那智の滝（なち）を背景にした青岸渡寺（せいがんとじ）はどうでしょうか。

紀伊半島の熊野は古くから山岳信仰の聖地とされており、平安時代以降、熊野詣（くまのもうで）が行われてきました。熊野詣とは本宮（ほんぐう）・新宮（しんぐう）・那智（なち）の熊野三山（さんざん）を参詣すること。三山のうち熊野那智大社の東には、三重塔を擁する青岸渡寺が建っています。三重塔の背後には「日本三名瀑」のひとつである那智の滝があり、両者が見事なコラボレーションをなしています。

高さ133mの那智の滝を背景に、鮮やかな三重塔が立っています。

③ 滝とのコラボがあるなら、湖とのコラボが素晴らしいお寺もある?

A 満月寺の浮御堂は、琵琶湖に浮かんでいるように見えます。

琵琶湖に突き出た満月寺の浮御堂は、平安時代に恵心僧都(えしんそうず)が湖上の安全などを祈願して建立したと伝わります。その名は湖面に浮いているかのように見えることからつけられました。朝夕の光景がとくに美しく、「近江八景」のひとつに数えられています。

神秘的な浮御堂の夜明け。

④ 富士山を見られる穴場のお寺はない?

A 鎌倉にある光明寺の裏山からの光景が話題になっています。

鎌倉は山と海に囲まれています。その地にある禅寺の光明寺は、隠れた絶景スポットとして話題です。裏山に登ると、約20mの山門の屋根越しに相模湾のパノラマが広がり、冬には富士山を眺めることができるのです。

残雪の富士山がうっすらと見えます。

⑤ 街のなかにもお寺の絶景はある?

A 京都の「八坂の塔」が有名です。

京都・東山、祇園(ぎおん)のシンボルとなっている「八坂の塔」は、法観寺(ほうかんじ)の五重塔です。法観寺は飛鳥時代に聖徳太子が建立したと伝わるお寺で、かつては八坂寺といいました。このお寺自体はそれほど有名ではありませんが、高さ46mの五重塔は京都の街の雰囲気と絶妙にマッチしています。

八坂の塔は洛東のあちこちから見ることができます。

Q

お寺でよく見かける龍の絵や
彫刻にはどんな意味があるの？

A

龍が仏さまの教えを
護ってくれるとされています。

仏教が生まれたインドでは、龍が仏さまの教えを護ってくれると信じられていました。お釈迦さまも修行中に7つの首をもつナーガ（龍）によって、風雨から護ってもらったと伝えられています。

天井画、襖絵、屏風絵、彫刻…
お寺は"美術館"でもあります。

伝統的な古典アートから前衛的な現代アートまで、お寺は美術品であふれています。
参拝するとともに、芸術鑑賞の魅力ももっているのがお寺なのです。

① ほかに、どんな
天井画があるの？

A 正寿院の天井画が
話題です。

京都・宇治田原町にある正寿院は約800年の歴史をもつ古刹で、「花天井画」というかわいらしい天井画が女性の人気を集めています。約100人の日本画家が描いた160枚の絵によって埋め尽くされた天井は圧巻のひと言。4枚だけある四季の舞妓さんを探すのも楽しみ方のひとつです。

160枚の絵で構成されている正寿院の花天井画。

② 注目すべきお寺の襖絵ってある？

A 建仁寺と随心院の襖絵でしょう。

建仁寺の小書院に飾られている襖絵『舟出』は、染色画家の鳥羽美花（とばみか）による作品です。ベトナムの水辺をモチーフに描かれた青い風景は、参拝者を清々しい気持ちにしてくれます。一方、随心院の能の間にある襖絵『極彩色梅匂小町絵図』は、京都の絵描きユニット「だるま商店」が小野小町の生涯を描いたもの。鮮やかな薄紅色に心を奪われます。

さわやかな青が印象的な建仁寺の『舟出』。

薄紅色が美しい随心院の『極彩色梅匂小町絵図』。

③ お寺の屏風絵で有名なのはなに？

A 建仁寺の『風神雷神図屏風』です。

『風神雷神図屏風』は、江戸時代の画家・俵屋宗達（たわらやそうたつ）の最高傑作といわれる作品。人間には抗えない自然の力を、神さまの姿を借りて描いています。現物は京都国立博物館に寄託されていますが、建仁寺の大書院では複製が展示されています。

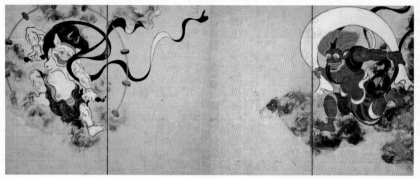

『風神雷神図屏風』。右が風神、左が雷神です。

④ お寺の彫刻で有名な人を教えて！

A 石川雲蝶は「日本のミケランジェロ」と呼ばれています。

石川雲蝶は江戸時代末期に越後（新潟）で活躍した彫物師。お寺などに木彫りや石彫りの傑作を数多く残し、「日本のミケランジェロ」と称されました。とりわけ西福寺（さいふくじ）の開山堂（かいさんどう）の内外に施された彫刻は素晴らしく、多くの人を惹きつけています。

躍動感あふれる雲蝶の作品。上は西福寺開山堂、下は貴渡神社（たかのりじんじゃ）。

⑤ 音楽のようなものは仏教にもあるの？

A 声明と呼ばれる仏教音楽があります。

他の宗教と同じように、仏教でも儀式や行事で音楽が用いられます。お経の言葉に音曲や節をつけて歌詠（うたながめ）する声明というものです。その声明の本場のお寺が京都・大原の来迎院（らいごういん）。住職が参拝者を前に声明を披露してくれます。

Q お寺のライトアップに
　なにか意味はあるの？

A 青蓮院門跡の青色のイルミネーションはご本尊に由来しています。

京都・東山の青蓮院門跡は、最澄が比叡山に創建した青蓮坊を起源とします。皇族が代々住職をつとめてきた格式の高いお寺らしく、文化・芸術もハイレベル。ご本尊の熾盛光如来（しじょうこうにょらい）の光に由来する青をコンセプトカラーとして、お寺の内外を彩っています。

仏教の教えに基づいて境内を装飾、
コンセプチュアルアートなお寺。

お寺のアートは、境内のあちこちに潜んでいます。
何気なく見ていた庭園の模様や扉に施されたデザインなども
お寺を美しく彩っています。

Q 庭園の市松模様には
どんな意味があるの？

A 心の平安を示すと考えられています。

着物の柄などによく使われる市松模様は、日本古来の伝統的デザインとして知られ、お寺の庭園に使われることもあります。一説によると、市松模様は心のタテとヨコを表現しています。つまり、美しく整えられた市松模様の庭園は、心に迷いのない整然とした状態を示しているというわけです。

京都・東福寺の東西南北の四庭はどれも斬新なデザインです。作庭家・重森三玲（しげもりみれい）によって1939年につくられたもので、北庭に市松模様が配されています。

京都・聖護院門跡（しょうごいんもんぜき）では、枯山水庭園が市松模様になっています。

築地本願寺の本堂の入口には
ステンドグラスが飾られています。

② 築地本願寺に ステンドグラスが 飾られているのはなぜ？

A 破天荒な建築家・ 伊東忠太の設計だからです。

東京・築地にある築地本願寺は、半円形のドーム屋根やイスラム建築のような塔をもつ、一風変わったお寺です（97ページ）。外観だけでなく内部も変わっていて、キリスト教の教会のようなステンドグラスが飾られています。こうしたデザインは明治時代から昭和にかけて活躍した建築家・伊東忠太によるもの。生来の変わり者で、なおかつシルクロードを旅してきた名匠による設計ゆえ、オリエンタルな雰囲気のお寺になったのです。

③ ほかに、面白いお寺の建築物ってある？

A UFOのような建築物があります。

広島・神勝寺は1965年に建立された比較的新しい禅寺。その境内には彫刻家の名和晃平とSANDWICHの設計によるアートパビリオン「洸庭」があります。伝統的なこけら葺きを応用し、全体を木材で柔らかく包んだ全長46mの建物で、内部の暗がりの奥には静かに波打つ海原が広がっています。

★COLUMN★ ## 寺社ガールに人気の花手水（はなちょうず）

お寺を参拝する前には、手水舎（ちょうずや）て手や口をすすいで身を清めるのがマナーです。その手水舎にお花を浮かべた花手水が最近、SNSなどて話題になっています。京都て人気の花手水としては、毘沙門堂勝林寺（びしゃもんどうしょうりんじ）や楊谷寺（ようこくじ）、三室戸寺（みむろとじ）などがあげられます。

勝林寺の花手水。

楊谷寺の花手水。

三室戸寺の花手水。

Q 御朱印って、そもそもなに？

東京・浅草にある浅草
寺の御朱印。

A 寺社に参拝した証です。

お寺に参拝すると、そのお寺の名前、ご本尊の名前、参拝年月日などが墨書き
された印影を御朱印帳に押してもらえます。お寺ごとにデザインが異なり、スタ
ンプラリーのように楽しんでいる人もいます。

御朱印人気は根強く、
個性的な御朱印も続々登場。

御朱印は、もともと写経をお寺に納めたときにいただくものでした。
それが次第に簡略化され、現在のような体裁になったのですが、
最近は絵入りの御朱印やかわいい御朱印、グラフィカルな御朱印など、
ユニークなデザインのものが次々に出てきています。
いまでは御朱印目当ての参拝客も珍しくなくなりました。

アートな御朱印にはどんなものがあるの?

A 一龍院の御朱印が話題です。

東京・調布にある一龍院は、アート御朱印で有名です。インスタ映えすると話題になり、人気に火がつきました。

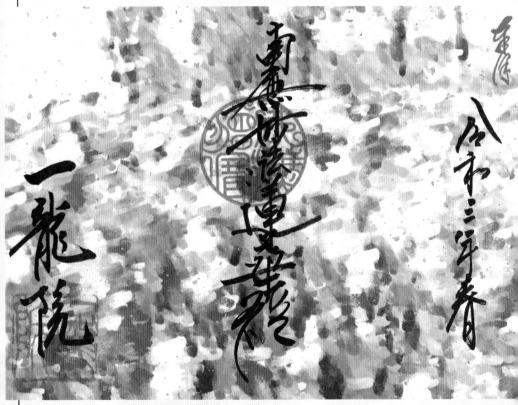

一龍院の2面見開き御朱印。日蓮宗のお寺なので、中央に「南無妙法蓮華経
(なむみょうほうれんげきょう)」という題目 (だいもく) が書かれています。

② おすすめの 御朱印を教えて！

A 骸骨が描かれたものが あります。

京都・宝蔵寺（ほうぞうじ）は、江戸時代の絵師・伊藤若冲（いとうじゃくちゅう）を輩出した伊藤家の菩提寺で、若冲の作品を所蔵しています。この御朱印に描かれている骸骨も若冲の『髑髏図』を印刷したものです。

骸骨の御朱印は、江戸時代を代表する絵師の作品を用いてつくられました。

③ かわいい御朱印で おすすめは？

A 宝徳寺（ほうとくじ）の御朱印は いかがでしょうか。

「床もみじ」で有名な群馬・宝徳寺。このお寺の御朱印は、ほっこりしたお地蔵さんが印象的で、季節や行事にあわせた御朱印をいただけます。

にっこり微笑むお地蔵さんを最近話題の切り絵にした御朱印です。

④ ユニークな御朱印をもっと教えて！

A 萬松寺（ばんしょうじ）の御朱印も 見逃せません。

名古屋・大須観音（おおすかんのん）の近くにある萬松寺は、オーソドックスな御朱印から限定御朱印まで、さまざまなバリエーションの御朱印を用意しています。お気に入りの御朱印を求めて、多くの参拝客が訪れます。

災難や病気の身代わりになってくれる身代不動明王の御朱印。

Q なぜ吉野山は
桜の名所になったの？

吉野山のシンボル的存在である金峯山寺（きんぷせんじ）が中央に見えます。役行者の創建とされ、蔵王堂には蔵王権現像がまつられています。

<ruby>役行者<rt>えんのぎょうじゃ</rt></ruby>

A 役行者が桜の木で造仏した
逸話がルーツとされています。

奈良の吉野山には3万本もの桜が密集しており、日本を代表する桜の名所として知られています。修験道（しゅげんどう）の開祖・役行者が桜の木に蔵王権現（ざおうごんげん）の像を彫ったことをきっかけに、桜は御神木になりました。そして、たくさんの桜が寄進され、山全体が埋め尽くされのです。

春は桜の名所として賑わい、
夏は涼やかな空気を醸し出します。

お寺は春夏秋冬、季節によって顔を変えます。
最も生命が映える春と夏は、
お寺の境内でもたくさんの花が咲き乱れ、
参拝者の目を楽しませると同時に、心を潤してくれるでしょう。

Q1 桜がきれいなお寺をもっと教えて！

A 身延山の久遠寺も
桜の名所として有名です。

日蓮宗の総本山である山梨・久遠寺の境内や
周囲には、桜の名所がたくさんあります。とくに
素晴らしいのが境内に立っている2本のしだれ
桜。どちらも樹齢400年を超える大樹で、1本
は祖師堂（そしどう）の前、もう1本は客殿（きゃく
でん）の前で大輪の花を咲かせます。

枝いっぱいに淡いピンクの花をつけるしだれ桜。

Q2 ほかに、春らしいお寺の光景ってある？

A 霊鑑寺の椿がおすすめです。

京都・霊鑑寺は「椿の
寺」とも呼ばれる椿の名
所です。日光椿をはじめ
とする30種類以上も
の椿が植えられていま
す。ふだんは非公開で
すが、春の椿のシーズン
には特別公開が行われ
ます。

霊鑑寺の椿の見頃は
3月下旬〜4月初旬に
かけてです。

③ 紫陽花が植えられている お寺が多いのはなぜ？

A 流行病に倒れた人々を弔うために 植えられたといわれています。

境内に紫陽花の花をたくさん植えているお寺を「あじさい寺」といいます。紫陽花は梅雨どきに咲く花。鬱陶しい雨も紫陽花を見ていると、心が癒されます。その昔、流行病で大勢の人々が亡くなったとき、弔いの意味を込めて、お寺に紫陽花が植えられたといわれています。鎌倉の明月院（めいげついん）や秋田の雲昌寺（うんしょうじ）などが「あじさい寺」として有名です。

明月院の山門へと続く参道には、2500株もの紫陽花が植えられています。

雲昌寺の境内も梅雨の時期には紫陽花の青一色に染められます。

④ 夏に訪れたいお寺を教えて！

A 新緑が美しい東福寺や祇王寺はどうでしょうか。

東福寺といえば京都を代表する紅葉の名所として有名ですが、夏には青もみじで緑一色となった境内を楽しめます。一方、京都・嵯峨野（さがの）の祇王寺は青もみじと青苔のコラボレーションが趣を感じさせ、都会の喧騒を忘れさせてくれます。

緑一色で迫力を感じさせる東福寺。

緑が境内をすっぽりと包み込む祇王寺。

Q 龍安寺の枯山水庭園は、
なにを意味しているの？

A 「虎の子渡し」の逸話 という説があります。

虎が子を3匹生んだ場合、彪（ひょう）が1匹まぎれ込んでいて、ほかの2匹を喰らおうとするという中国の故事があります。親虎は子虎をつれて川を渡る際、わが子と彪を2匹だけにしないように運び方に苦心するのだとか。この故事に見立てて石を配置したというのが「虎の子渡し」説です。

秋は人気の紅葉スポットで、冬は凛とした空気を感じます。

秋はお寺めぐりに最も適した季節です。
お寺の周囲で咲き誇る秋の花を愛でたり、
紅葉に彩られた境内でもの思いに耽るのもいいものです。
冬は寒風吹きすさぶなかの参拝は厳しくもありますが、
雪景色や凛とした空気感は冬だからこその楽しみです。

① 秋にお寺めぐりをするなら どこがおすすめ?

A 奈良の斑鳩の里がおすすめです。

法隆寺などがある斑鳩町では、休耕田を生かしたコスモス畑が増えています。10月中旬頃にはコスモスが満開になります。法起寺の三重塔を背景にしたコスモス畑の美しさは圧巻です。

コスモス畑の向こうに見える法起寺の三重塔は日本最大の三重塔といわれています。

② 知る人ぞ知る紅葉の名所を教えて!

A 安国寺や宝徳寺の紅葉はツウ好みです。

兵庫・安国寺(但馬安国寺)は室町幕府の初代将軍・足利尊氏によって創設されたお寺で、樹齢約150年といわれるドウダンツツジが見事な紅葉を見せてくれます。本堂から座敷越しに眺めると「額縁(がくぶち)庭園」となり、絵画を鑑賞しているような気分にひたることができます。また、群馬・宝徳寺では真っ赤に色づいた100本以上の紅葉が本堂の床に映り込む「床もみじ」を楽しめます。

ライトアップされた安国寺の額縁庭園。　　　　　　　　宝徳寺の床もみじ。

③ Q 虫の鳴き声を楽しめるお寺もある?

A 鈴虫の鳴き声を聴きながら説法をするお寺があります。

京都・嵐山の華厳寺（けごんじ）は「鈴虫寺」と呼ばれることからわかるように、鈴虫の涼やかな鳴き声が印象的な
お寺です。その鳴き声が禅の教えに通じるということで、鳴き声が響き渡るなかで住職が説法する「鈴虫説法」が
行われており、人気を集めています。

④ Q お寺で銀杏の木を
よく目にするのはどうして?

A 防火の思いが
込められています。

お寺の境内には銀杏の木が植えられていることが
多いです。銀杏の木はたくさんの水分を含んでおり、
火事になっても燃えにくいため、「火事が起こらない
ように」という願いを込めて植えられることが多いと
いわれています。黄色くなった銀杏の木は、秋のお寺
めぐりの楽しみのひとつです。

島根・浄善寺（じょうぜんじ）の大銀杏。

⑤ Q 金閣寺がいちばん美しいのはいつ?

A 「雪の金閣」は必見です。

金箔が張り巡らされた豪壮な金閣寺はいつ見てもきれいですが、雪景色も見逃せません。真っ白な雪化粧をした
金閣寺は一生に一度は見ておきたい絶景です。

Q 意外なところに建てられた
お寺ってある?

平安時代につくられた投入堂は、岩窟にすっぽり納まるように建てられています。

A 断崖絶壁に建設された
お寺があります。

鳥取の霊山、三徳山（みとくさん）にある三佛寺（さんぶつじ）の投入堂（なげいれどう）は、断崖絶壁の岩窟に張りつくように建っています。伝説によると、このお堂は修験道の祖である役行者が平地で組み立て、法力で投げ入れたそうです。投入堂という名前はその伝説に由来します。

思わず目を見開いて仰天する、異様な建築物が見られます。

誰も思いつかないような、アッと驚く建物を「奇想建築」ということがあります。
お寺のなかにも初見の参拝者を唖然とさせる奇想建築が少なくありません。
岩にめり込んだお堂、二重らせんのお堂、異国情緒あふれるお堂、
お城みたいなお寺など、アッと驚くお寺をお楽しみください。

① 岩にめり込んだお寺って？

A 大谷寺の本堂です。

栃木・大谷寺は、空海作と伝わる大谷観音で知られるお寺です。驚くべきは本堂で、岩肌にくい込むように建てられています。岩をくり抜く作業に大変な労力を要したのではないかと思われますが、この地から産出される大谷石は柔らかく加工しやすいため、それほど大変ではなかったとも考えられています。

岩肌にくい込むように建っている大谷寺の本堂。

② 二重らせんのお堂ってどこにあるの？

A 会津さざえ堂です。

福島・会津若松の飯盛山（いいもりやま）には、かつて正宗寺（しょうそうじ）というお寺がありました。その住職が考案した奇想天外なお堂が円通三匝堂（えんつうさんそうどう）、通称「さざえ堂」です。さざえ堂は高さ16.5mある六角三層のお堂で、内部は二重らせん構造になっています。そのため上りと下りが別の通路となり、人がすれ違うことはありません。こうした構造の木造建築は、世界を見ても、さざえ堂だけです。

DNAの模式図のような構造のさざえ堂。

Q3 お城みたいな お寺ってどこ？

A 武士の邸宅だった 鑁阿寺（ばんなじ）です。

栃木・足利（あしかが）の中心部に位置する鑁阿寺は、四方に門があり、周囲には堀や土塁（どるい）まで設けられています。その姿はお寺というよりお城です。それもそのはず、鑁阿寺は室町幕府を創始した足利将軍家の邸宅跡に建てられたお寺だからです。

鑁阿寺はお寺なのに「日本100名城」のひとつです。

Q4 風変わりなお堂を たくさん設計した 建築家っている？

A 伊東忠太が有名です。

明治時代から昭和にかけて活躍した伊東忠太は、日本の古建築や中国・インドの遺跡を調査し、お寺や神社を中心に数多くの名建築を手がけました。お寺では東京・築地本願寺の本堂や千葉・法華経寺（ほけきょうじ）の聖教殿（しょうぎょうでん）、同・新勝寺（しんしょうじ）の太子堂（たいしどう）、神奈川・總持寺（そうじじ）の大僧堂（だいそうどう）などがあげられます。

伊東忠太が設計した築地本願寺。日本のお寺とは思えないエキゾチックなデザインです。

★COLUMN★ 境内が仏像だらけのお寺！

「羅漢（らかん）さん」と呼ばれ、親しまれている仏像があります。羅漢とは、人々から供養を受けるに値する聖者をさし、何体も集まって並べられていることが多いです。その羅漢が500体も立ち並んでいるのが東京・五百羅漢寺や三重・大日堂（だいにちどう）の五百羅漢。さらに京都・愛宕念仏寺（おたぎねんぶつじ）には1200体もの羅漢像があります。あまりの数の多さに仰天せずにいられません。

大日堂の竹成五百羅漢（左）と愛宕念仏寺の羅漢像（右）。

Q 動物と出会える
　お寺を教えて!

豪徳寺に招き猫を奉納すると、ご利益が得られるといわれています。

A 豪徳寺は 招き猫だらけのお寺です。

東京・世田谷の住宅街にある豪徳寺には、無数の招き猫が並んでいます。江戸時代、彦根藩主がこのお寺で白猫のたまに手招きされ、雷雨をまぬがれました。その後、たまが亡くなると、たまのために招き猫がつくられたと伝わります。

お寺の境内やお堂をよく見ると、さまざまな動物が鎮座しています。

神社にお参りすると、犬（狛犬）や狐（お稲荷さま）、鹿など、
神聖視されている動物たちをよく見かけますが、
お寺にも猫や狸、虎などたくさんの動物がいます。
彼らはみな寺伝に語られる由緒正しい動物たちで、
私たちに大きなご利益を与えてくれるとされています。

① 虎だらけのお寺の住職って阪神ファン？

A その可能性は高いです……。

奈良の信貴山（しぎさん）に鎮座する朝護孫子寺（ちょうごそんしじ）の境内では、そこかしこに虎がいます。物部氏との戦いを前にした聖徳太子がこの山を訪れ、寅（とら）年・寅日・寅の刻に必勝祈願を行うと、毘沙門天（びしゃもんてん）が出現。その力を借りて、太子が戦いに勝利したため、虎がお寺のシンボルになったそうです。住職が阪神ファンかどうかは定かでありませんが、毎年シーズン前には球団関係者がお参りにやってきます。

朝護孫子寺の境内は大小の虎であふれています。

② お寺と動物の面白いエピソードってない？

A 赤べこは、圓蔵寺（えんぞうじ）の伝承から生まれたとされています。

福島・会津地方の郷土玩具として知られ、マスコットとしても人気の高い赤べこ。その発祥地とされているのが圓蔵寺です。江戸時代、大地震で倒壊したお堂を再建するとき、人々は重たい材木の運搬に苦労していました。そこに赤毛の牛の群れが現れ、一緒に材木を運んでくれたそうです。その偉業を称え、なでると運気が高まるといわれる牛の像が境内におまつりされました。

赤べこの人形。崖の上に見えるのが圓蔵寺です。

③ 日本昔話で有名なお寺もある?

A 茂林寺で『分福茶釜』が生まれました。

群馬・茂林寺は「狸天国」という言葉がぴったりなほど、狸にあふれたお寺です。狸の焼き物や剥製などを至る所で目にするのです。その昔、狸が化けた守鶴(しゅかく)という老僧が、どれだけお湯をくんでもなくならない不思議な茶釜をお寺にもち込み、福を分け与える「分福茶釜」と名づけました。その言い伝えをともにつくられたのが昔話の『分福茶釜』で、茶釜から顔や手足を出した狸の姿が広く知られるようになりました。

茂林寺の参道に立ち並ぶ狸像。季節ごとに衣装を変えています。

④ お寺には想像上の動物もいるの?

A 白澤という神獣がいます。

新型コロナウイルスの大流行で、日本では厄災をはらうアマビエという妖怪が注目を集めました。そうしたなか、密かな話題になったのがお寺で見かける白澤です。白澤は、人の顔に牛のような体、9つの目、6本の角をもつ中国由来の神獣。その姿を描いた絵には厄災退散のご利益があると信じられ、江戸時代に魔除けの護符として流行したそうです。三重・大観音寺や東京・五百羅漢寺などで白澤の像が見られます。

大観音寺の白澤像。

Q

奈良の大仏より
巨大な仏像ってある?

A

いくつもあります。

巨大な大仏といえば「奈良の大仏」こと、東大寺の盧舎
那仏 (るしゃなぶつ、18.18m) を思い浮かべますが、それ
より大きな大仏が日本にはいくつも存在します。たとえば
千葉の鋸山(のこぎりやま)に鎮座する日本寺(にほんじ)
の大仏は30.05mあり、坐像としては日本一を誇ります。

中央アジアで生まれ、
中国で発展した大仏づくりの思想。

アフガニスタン・バーミヤンの大仏は最古の大仏のひとつ。
そうした大仏づくりの思想がシルクロードを通じて日本へ伝わると、
病気・自然災害・反乱などが頻発して不安定な国を安定させるべく、
奈良に大仏が造立されることになりました。
いまに残る多くの大仏も、
基本的には平和のためにつくられたものです。

① 立像を含めて、日本一大きな仏像は?

A 牛久大仏です。

茨城にある牛久大仏は正式名称を「牛久阿弥陀大佛」といい、阿弥陀如来の12の光明にちなんで120mの高さを誇ります。初代ウルトラマンの約3倍、奈良の大仏が手のひらに乗ってしまうほどの巨大さです。

圧倒的な迫力を感じさせる牛久大仏。

② 牛久大仏の次に大きな仏像は?

A 仙台大観音が2位、北海道大観音が3位です。

仙台大観音は大観密寺（だいかんみつじ）の大観音像。全長100mあります。内部に入ることができ、最上階まで上ると仙台市内を一望できます。北海道・芦別にある北海道大観音は全長88mあります。

仙台市内を見下ろす仙台大観音。胎内めぐりもできます。

③ 内部に入れる大仏は多いの?

A 実は、鎌倉大仏も 内部に入ることができます。

鎌倉観光で人気の鎌倉大仏は、高徳院(こうとくいん)というお寺の阿弥陀如来坐像です。高さ11.39mと、奈良の大仏に比べるとひと回り小さいですが、胎内に入って観覧することができます。ちなみに、鎌倉大仏は国宝。直接触れたり、内部に入れる国宝はおそらくこれだけでしょう。

鎌倉大仏の内部は空洞になっています。背中の穴は窓で、そこから光が差し込む仕組みです。

④ 横たわっている大仏で大きいものは?

A 南蔵院の涅槃像です。

福岡・南蔵院には体を横たえ、右肘で頭を支えている巨大な釈迦像があります。これは亡くなる前に最後の説法を行っているお釈迦さまの姿を像にしたもので、「涅槃像」と呼ばれます。南蔵院の涅槃像は全長(横の長さ)41m、高さ11m。青銅製の涅槃像では世界一の大きさといわれています。

近くからも遠くからも迫力を感じさせます。

Q 奥州藤原氏の栄華を支えた
黄金はどこで採れたの？

中尊寺の金色堂。旅行家のマルコ・ポーロが『東方見聞録』のなかで言及した「黄金の国」とは、平泉と、このお堂を指していたともいわれます。

A 平泉は金の産地だった
といわれています。

<ruby>平泉<rt>ひらいずみ</rt></ruby>

平安時代後期、岩手・平泉を拠点に東北地方を支配した奥州藤原氏。
当時、平泉は金の産地だったとされ、中尊寺（ちゅうそんじ）の金色堂（こ

歴史の舞台となり、
教科書にも名を残すお寺。

仏教は日本人の精神に深く根づいています。
そのため、多くのお寺が歴史の教科書にも掲載されているような
重大な出来事の現場にもなってきました。
その関係を知れば、また違った視点からお寺を楽しむことができます。

① 「本能寺の変」の本能寺は、
いまも残っているの？

A 移転しましたが、いまもあります。

天下統一を目前にした織田信長が家臣の明智光秀に急襲され、自刃に追い込まれた本能寺の変。この戦国時代最大の事件の舞台となった本能寺は1415年、京都市中の五条坊門に「本応寺（ほんのうじ）」として創建されました。のちに「本能寺」と改称し、何度か災厄にあったり、移転したりしながら16世紀中頃には大寺院へと発展。1582年の本能寺の変で焼失してしまいましたが、現在地（京都市中京区）に移転して存続しています。

本能寺の変で奮闘する織田信長『真書太閤記 本能寺焼討之図』より（右）。本能寺跡の石碑（左）。

② 戦国武将にまつわるお寺ってある？

A たとえば、真田氏ゆかりの善名称院があげられます。

真田昌幸（まさゆき）・幸村（ゆきむら）父子は「日本一の兵（つわもの）」と呼ばれるほどの名軍師でした。しかし、昌幸は1600年の関ヶ原の戦いで西軍に属して敗戦。子の幸村とともに高野山の麓の九度山（くどやま）に配流され、そこに屋敷を構えます。昌幸の死後、幸村も大坂の陣で死去。18世紀中頃になると屋敷跡に善名称院というお寺が建立されました。

「真田庵（さなだあん）」ともいわれる善名称院（左）。境内にある資料館には幸村の兜など、真田氏ゆかりの品が展示されています。

Q3 『忠臣蔵』に登場する泉岳寺（せんがくじ）について教えて！

泉岳寺には浪士たちのお墓があります。

A 赤穂浪士（あこうろうし）のお墓があるお寺です。

赤穂（あこう）藩（現・兵庫県赤穂市）の浪士47人が、主君の浅野内匠頭（あさのたくみのかみ）を斬りつけた吉良上野介（きらこうずけのすけ）の屋敷に押し入り、仇（かたき）をとる――『忠臣蔵』の物語は古くから日本人に愛されてきました。物語の主人公である赤穂浪士たちは、仇討ちした後、東京・高輪にある浅野家の菩提寺である泉岳寺に到達。吉良の首を主君の墓前に供え、切腹して果てました。そんな英雄たちのお墓がここに建てられています。

Q4 歴史的事件の舞台となったお寺をもっと教えて！

A 戊辰戦争（ぼしん）時の弾痕が残るお寺があります。

明治政府軍と旧幕府軍が戦った戊辰戦争は、全国各地で展開しました。1868年4月には江戸城の無血開城が決まりましたが、その決定に納得できない旧幕府側の彰義隊（しょうぎたい）が上野の寛永寺（かんえいじ）に立てこもり、政府軍と戦います。そのときの銃撃の跡が、のちに寛永寺から移築され、現在は円通寺（東京・南千住）にある黒門の弾痕です。境内には彰義隊の墓も立っています。

円通寺の黒門には無数の弾痕が残っています。

Q5 明治維新で神社になったお寺があるってホント？

A 神仏分離令による仏教排斥運動の結果です。

明治政府は神道を国教化する一方、神仏分離令を発布し、仏教を排斥しました。それにより多くのお寺が神社への転換を迫られ、お寺の土地や仏像、お経などが焼却されたり、捨てられたりしたのです。

戸隠山顕光寺（とがくしさんけんこうじ）から神社へ移行した長野・戸隠神社。

Q

聖徳太子が「厩戸皇子」と
呼ばれるのはなぜ？

A

家畜小屋の前で生まれたという伝説に由来します。

奈良・橘寺（たちばなでら）は、もともと欽明（きんめい）天皇の別宮（べつぐう）でした。皇女の穴穂部間人皇女（あなほべのはしひとのひめみこ）はこの地の厩戸で産気づき、のちに聖徳太子となる子を出産。そこから太子は厩戸皇子と名付けられたと伝わります。

お寺と深い縁をもっている、歴史上の有名人たち。

聖徳太子、源義経、北条義時、紫式部、明智光秀……。
お寺と深い関係をもつ歴史人物は少なくありません。
彼らの足跡を探しに、お寺巡りをするのも楽しいものです。

Q① 源氏ゆかりの
お寺ってある？

A たとえば、鞍馬寺は源義経が
幼少期を過ごしたお寺です。

源平合戦で大活躍した「牛若丸」こと源義経は、京都の鞍馬山に鎮座する鞍馬寺で幼少期を過ごしました。鞍馬山には天狗が住んでおり、その天狗を相手に修行を積んで、源氏による平家打倒に貢献したとされています。

義経をまつる義経堂（上）と、義経の修行の場となった足場の悪い木の根道（下）。

Q② ほかにも武家ゆかりのお寺はある？

A 北條寺は北条氏ゆかりのお寺です。

伊豆半島北部に位置する北條寺は、2022年の大河ドラマ『鎌倉殿の13人』の主役である北条義時創建と伝わるお寺です。義時は鎌倉幕府創設時に功を成した時政の子で、幕府の2代執権（しっけん）でした。北條寺の境内には義時夫妻のお墓が設けられています。

北條寺。運慶作と伝わる阿弥陀如来坐像などがあります。

③ 文芸作品と縁のあるお寺もある?

A 『源氏物語』は、石山寺で紫式部が執筆しました。

紅葉の名所として知られる滋賀・石山寺。平安時代には多くの貴族が参詣しましたが、女性文学者たちにも人気がありました。紫式部はこのお寺で『源氏物語』を書きはじめたとされ、本堂には執筆の場と伝わる「源氏の間」が設けられています。

歌川広重による『石山寺の紫式部』。

④ 明智光秀が事あるごとに参詣していたお寺ってどこ?

A 西教寺です。

琵琶湖のすぐ近くにある西教寺は、2020年の大河ドラマ『麒麟(きりん)がくる』の主役である明智光秀ゆかりのお寺。織田信長による比叡山焼き討ちの際、西教寺も焼かれてしまいましたが、その後、坂本城の城主となった光秀がたびたび参詣し、お堂を再建しました。現在は境内に明智一族のお墓や光秀の辞世(じせい)の句の碑などが残されています。

紅葉のきれいな西教寺境内から望む琵琶湖の風景。

⑤ 小説『沈黙』に登場する宣教師が住んでいたお寺って?

A 長崎の晧台寺です。

遠藤周作の歴史小説『沈黙』では、ポルトガル人司祭が徳川幕府によって禁教令が出されていた日本に潜入し、長崎で捕縛され、過酷な運命と闘う様子が描かれます。その小説のモデルとなった司祭のひとりがフェレイラという実在の人物で、厳しい拷問によってキリスト教を捨て、沢野忠庵(さわのちゅうあん)と名のり、キリスト教徒の取締りの任に当たりました。小説では、晧台寺に住んでいたフェレイラのもとに主人公ロドリゴがやってきて、問答を繰り広げる場面が描かれています。

小説『沈黙』の舞台になった晧台寺。

Q 浅草寺の雷門が
有名なのはどうして？

浅草寺の雷門。このお寺を中心とする浅草の街並みは、古き良き日本の伝統を現在に伝えています。

A 江戸時代、浅草は江戸屈指の繁華街だったからです。

東京を代表する観光地のひとつ、浅草。この町は、徳川幕府の元で江戸有数の盛り場として発展。やがて下町の中心的存在となります。1960年代には浅草寺の玄関口に雷門の大提灯が設置され、人気の写真スポットになりました。

地元のお寺は参拝や法要などで庶民の信仰を集めてきました。

近世以降、お寺はご利益祈願の参拝や、お盆やお彼岸などの法要、お葬式などを通じて、地元の人々(檀家)との関係を強めていきます。そしてお布施や寄進を得て、発展していきました。

① 下町風情の残るお寺をもっと教えて！

A 「深川のお不動さま」こと深川不動堂があります。

東京・深川の深川不動堂は、千葉・成田にある新勝寺(しんしょうじ)の別院です。江戸時代までは新勝寺のご本尊である不動明王を出張させていましたが、明治時代になると正式な別院がつくられ、「深川のお不動さま」として親しまれ、信仰を高めます。参道沿いには「人情深川ご利益通り」という仲見世通りがあり、多くのお店が下町情緒を感じさせます。

深川不動堂の旧本堂(正面)と新本堂(左)。新本堂の回廊には、クリスタル製の五輪塔が約1万体も並べられています。

② 本家の新勝寺も庶民のお寺なの？

A 日本屈指の初詣参拝客数を誇る庶民のお寺です。

新勝寺といえば初詣。毎年、新年の参拝客数で明治神宮や川崎大師などと上位を争う人気のお寺です。空海がつくった不動明王像をおまつりしたことにはじまるお寺で、成田の町はこのお寺の門前町として発展しました。また、江戸時代には歌舞伎役者の初代市川團十郎(いちかわだんじゅうろう)がたびたび訪れています。参道にはいまも古いお店が軒を連ね、門前町の風情が残されています。

初詣でにぎわう新勝寺。

③ Q 「とげぬき地蔵」が お年寄りに人気なのは どうして？

A 病気平癒の ご利益があるからです。

東京・巣鴨の高岩寺（こうがんじ）は「とげぬき地蔵」の名で全国的に知られています。江戸時代、毛利家の女中が誤って針を飲んでしまったとき、ある僧侶が御影のお札を飲ませてみたところ、女中はお札を貫いた針を吐き出して助かりました。それ以来、このお寺は万病を治すお寺として信仰を集め、巣鴨の町も発展することになったのです。現在では多くのお店が並ぶ巣鴨地蔵通り商店街にお年寄りが集まり、「おばあちゃんの原宿」として広く知られています。

巣鴨は高岩寺（上）を中心とする巣鴨地蔵通り商店街（下）に多くの人が集まっています。

④ Q 関西にはどんな 庶民のお寺があるの？

A 大阪の四天王寺（してんのうじ）が有名です。

四天王寺は聖徳太子によって593年に創建されたと伝わるお寺で、境内は1日中開かれています。朝の体操や通勤通学に利用されているほか、地元の人々の間で「大阪の仏壇」として親しまれているなど、その姿はまさに庶民のお寺です。

四天王寺の門は24時間開いており、気軽に参拝することができます。

⑤ Q 関西の庶民のお寺を もっと教えて！

A 一心寺（いっしんじ）は「お骨仏（こつぶつ）」で知られています。

四天王寺の近くにある一心寺は、創建当初は四天王寺の付属の草庵でした。江戸時代に庶民向けに無縁仏を供養しはじめたことで評判を高め、幕末から明治初期には多くの人々が分骨した遺骨を持ち寄るようになります。20年ほどで納骨堂がいっぱいになってしまいましたが、遺骨で仏像を造形しておまつりする「お骨仏」を考案。これまでに14体のお骨仏がつくられました。いまも遺骨を持参する人が多く訪れ、参拝者の数は関西屈指となっています。

遺骨でつくられたお骨仏。

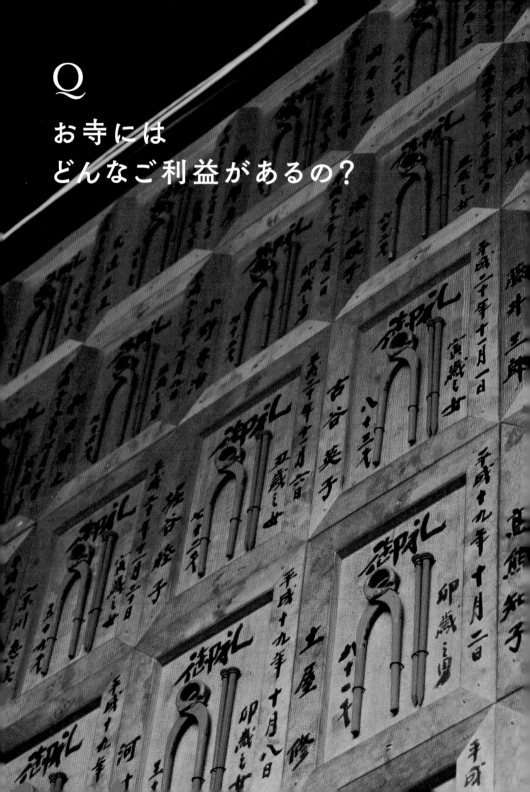

Q
お寺には
どんなご利益があるの？

A
たとえば、「釘抜地蔵」として
知られる石像寺は、
「苦」を抜きとってくれます。

京都の石像寺のご本尊である釘抜地蔵は、さまざまな苦しみを抜き取ってくれるといわれています。「釘抜き＝苦抜き」というわけです。こうしたご利益は、お寺ごとに異なります。

神社にご利益があるように、
お寺にも多くのご利益があります。

神社でお参りすると、神さまがご利益をもたらしてくれます。
それはお寺も同じ。お寺で参拝すると、
金運招来、商売繁盛、病気平癒、厄除け、恋愛成就など、
たくさんのご利益を得ることができるのです。

① お金持ちに
なりたいんだけど……。

A 宝積寺でお参りしてください。

京都・宝積寺は通称「宝寺」といい、金運のご利益があると
評判です。打出（うちで）と小槌（こづち）がある小槌宮で参
拝した後、話をせず、振り向きもせず、仁王門まで戻り、黄色
い財布にお金を入れると、お金がどんどん増えていくと伝えら
れています。

宝積寺の小槌宮。大黒天がおまつりされています。

② 金運が上がるお寺をもっと教えて！

A 宝くじ発祥のお寺があります。

大阪・瀧安寺（りゅうあんじ）
は、江戸時代初期に宝くじ
（当時は富くじ）が発祥した
お寺といわれています。七
福神のひとりである弁財天
（べんざいてん）が金運をもた
らしてくれるとされています。

江戸時代の瀧安寺。
当時、瀧安寺では富
くじが行われ、大い
に賑わいました。

③ Q ギャンブル運が上がる お寺ってある?

A 回向院（えこういん）がおすすめです。

鼠小僧次郎吉（ねずみこぞうじろきち）といえば、お金持ちの家に盗みに入り、盗んだものを貧民に施した江戸時代の義賊（ぎぞく）です。その鼠小僧のお墓があるのが東京・両国の回向院。ずっと捕まらなかった強運にあやかりたいと、ギャンブル運を求める人々が訪れ、お前立ちを削って持ち帰ります。

鼠小僧のお墓。正面に見える白いものがお前立ち。どんどん削られて小さくなっています。

④ Q 腰痛を治したい!

A 愛染堂（あいぜんどう）の「腰痛封じの石」に座りましょう。

聖徳太子にゆかりのある大阪・愛染堂勝鬘院（しょうまんいん）。このお寺は縁結びや夫婦和合のご利益で知られていますが、境内にある「腰痛封じの石」に座ると、腰痛が治るといわれています。

右手前に見えるのが腰痛封じの石です。

⑤ Q 愛する人と結ばれたい!

A 随心院（ずいしんいん）でお参りするのはどうでしょうか。

京都・随心院は、絶世の美女として知られる平安時代の歌人・小野小町ゆかりのお寺。小町の恋文を下張りにしてつくられたといわれる文張地蔵（ふみはりじぞう）が、恋愛を成就させてくれると伝わります。

随心院の境内に立つ小野小町の歌碑。

お寺参りの
手順とマナー

こらむ
2

仏さまのご利益にあずかるための
正しい参拝方法を覚えておこう！

　お寺は開かれた空間です。日頃のお参り、お盆、大晦日、初詣、観光旅行と、お寺に訪れる機会は少なくありません。でも、お寺が聖域であることを忘れてはいけません。お寺参りにはルールとマナーがあり、それを守らなくては仏さまに対して失礼にあたりますし、ほかの参拝者にとっても迷惑です。

　気持ちよくお参りして、仏さまのご利益にもあずかれる、正しい参拝方法を覚えておきましょう。

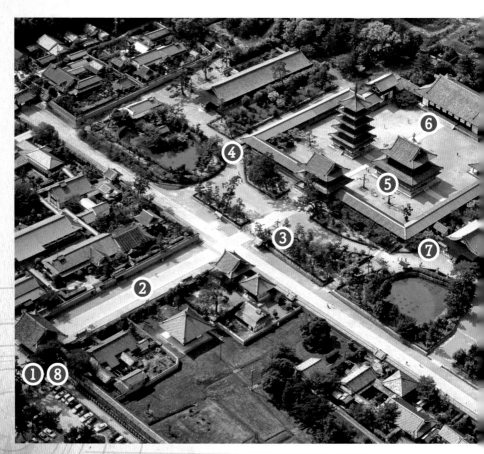

参拝の手順（例）

❶入口（山門、南大門など）の前で合掌して一礼して挨拶する。

❷参道は左右の端を歩く（中央は仏さまの通り道）。

❸手水舎で手と口を清める。

❹拝観料が必要なお寺は、受付で支払いを済ませる。

❺ご本尊がおまつりされているお堂（本堂、金堂、仏殿など）にお参りする。賽銭箱があればお布施を入れ、鈴を鳴らして、仏さまに参拝に訪れたことを知らせる。

❻お堂の前を横切るときには会釈をして、そのお堂におまつりされている仏さまに挨拶する。

❼お参りを終えたら、御朱印をいただいたり、おみくじを引いたりする。

❽門を出たら、ご本尊がおまつりされているお堂に向かって合掌一礼して帰る。

※飲食は原則禁止。お酒やタバコももちろん禁止。
※スマホや携帯電話はマナーモードにしておく。

Q

「とんち話」で有名な
一休さんって実在したの？

A

逸話の多くは創作ですが、
室町時代に実在しました。

一休さんといえば、とんちの得意なかわいい小坊主をイメージする人が多いでしょう。たしかに一休は京都・大徳寺の住職となった実在の人物ですが、飲酒して酔っ払ったり、兄弟子に罵詈雑言（ばりぞうごん）を吐いたり、尼僧と同棲したりと、破天荒な行動を繰り返す異端の禅僧でした。

仏教を熱心に学び人々を導く、偉大なお坊さんがたくさんいます。

仏教に一生をかけ、教えを広めるために尽力したお坊さんが、
いつの時代にも存在していました。
困難にめげずに道を貫いた僧侶、権力者に戦いを挑んだ僧侶、
民衆のなかに身を投じ、教えを説いた僧侶……。
そんな歴史に名を残す求道者たちを紹介します。

① 鑑真（がんじん）について教えて！

A 戒律（かいりつ）を日本に伝えました。

鑑真は中国・唐出身の僧侶です。奈良時代、日本の朝廷の求めに応じて来日しました。渡航は5度も失敗し、失明までしてしまいますが、6度目の挑戦でようやく成功。奈良の都に戒律（僧侶が守るべき仏教の大切な決まり）を伝えました。また、東大寺の近くに唐招提寺（とうしょうだいじ）を建立しています。

東大寺の戒壇堂。鑑真から授戒（じゅかい）した聖武上皇（しょうむじょうこう）が授戒の場として建立しました。

② ライバル関係にあった僧侶っている？

A なんといっても最澄と空海でしょう。

「伝教大師（でんぎょうだいし）」こと最澄は天台宗の宗祖で、「弘法大師（こうぼうだいし）」こと空海は真言宗の宗祖。ふたりとも平安時代の日本仏教界を牽引した高僧です。遣唐使として唐に渡り、密教などを習得。帰国後も頻繁に交流をもちました。ところが、その後ふたりは教えの違いや経典の借用問題などが原因で関係が悪化。両宗派の交流も途絶えてしまったのです。

空海像。空海は最澄より7つ年下でしたが、エリートの最澄から師と仰がれていました。しかし、そうした関係ものちに破局してしまいました。

③ Q 中国の僧侶が日本に伝えた仏教以外のものってある？

A 隠元がもたらしたインゲン豆が有名です。

隠元は江戸時代に活躍した禅僧です。中国・明（みん）で禅の教えを習得した隠元は、長崎のお寺のお坊さんたちから請われて来日。京都・宇治に萬福寺（まんぷくじ）を建立し、黄檗（おうばく）宗を開きました。隠元は教えのほかにもお寺の建築様式や普茶（ふちゃ）料理、詩文、墨跡（ぼくせき）など、明の文化をもたらしました。そのなかにインゲン豆も含まれていたのです。

隠元隆琦像。正面向きの肖像画は、それまでの日本ではあまり見られない珍しいものでした。

---

④ Q なぜ、ダルマには手足がないの？

A モデルとなった達磨大師に由来します。

「七転び八起き」のダルマには、手足がついていません。それは実在のモデルである達磨大師のエピソードに由来します。達磨大師は5世紀後半〜6世紀前半頃に実在した禅宗の開祖ですが、9年もの間、少林寺（しょうりんじ）で壁に向かって坐禅修行を続けていると、手足が腐ってなくなってしまったそうです。そのため、ダルマにも手足がついていないのです。

『達磨図』狩野探幽。達磨は修行のしすぎで手足を失ってしまいました。

---

⑤ Q ほかに、ユニークな僧侶はいる？

A 白隠を忘れてはいけません。

江戸時代の禅僧である白隠は、80余年の生涯を民衆教化に捧げました。白隠が教えを広める手段として使ったのが禅画。親しみ深い図柄を用いて、人々に仏教の教えを伝えました。

『お婆々どの粉引歌』。お婆とは人間の本心・本性の擬人化した表現で、粉引歌とは石臼を引く際に女性が歌う仕事歌のひとつです。

Q

曼荼羅には
どんな意味があるの？

曼荼羅にもいろいろな種類があります。左は大日如来を中心に数多くの仏さまが集まり、仏さまの慈悲を表した「胎蔵界（たいぞうかい）曼荼羅」、右はダイヤモンドのように固く、なにものにも屈しない智慧（ちえ）の世界を表した「金剛界（こんごうかい）曼荼羅」です。

A

密教の教えを
ビジュアル化したものです。

密教の教えは難解です。そこでビジュアルで多くの人々に教えを伝えようと、無数の仏様を描いた曼荼羅がつくられました。

仏画

仏教の教えを説法やお経でなく、
目で理解できるようにしました。

お釈迦さまの物語や極楽・地獄の様子などを描いた説話画、
高僧をモデルにした肖像画、密教の教えをビジュアル化した曼荼羅、
禅宗のお坊さんが禅の教えや精神を表した禅画など、
さまざまな仏画が描かれ、儀式などに使われてきました。

① 来迎図の主人公は誰?

A 阿弥陀如来です。

来迎図とは、念仏の教えを信じる人を極楽浄土へ迎え入れるために、阿弥陀如来とたくさんの菩薩が下降する様子を描いた仏画です。浄土信仰が盛んになった平安時代中期以降に多く描かれました。

『阿弥陀聖衆来迎図』。阿弥陀如来が菩薩たちを引き連れて、人間世界へ下っていきます。

② 水墨画で有名な
お坊さんを教えて!

A 禅僧の雪舟は山水画を
大成した画人でもありました。

禅の世界では、書を「有声の画」というのに対し、禅画を「無声の詩(うた)」といいます。自然の風景を墨の濃淡で表す山水画も禅画のひとつで、水墨画の技法により山水画を大成したのが室町時代後半の禅僧画家・雪舟でした。雪舟は中国・明で水墨画を学び、日本に帰国後、山口を拠点として全国を行脚。その間、自然を深く見つめ、独特の山水画を多数残しました。

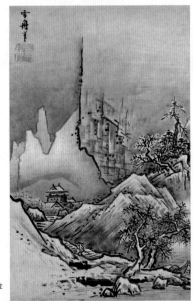

雪舟の代表作『秋冬山水図』。型にはまらない雪舟独特のセンスが際立ちます。

『四季花鳥図屏風』。雪舟は花鳥図も描いています。本作は生命力にあふれた樹木と、実物に近い大きさで描かれている動物の迫力に圧倒されます。

Q③ 仙厓の『○△□』って、どんな意味!?

A 答えは諸説あり、確定していません。

禅の教えでは、言葉にできない悟りの境地や絶対の真理を示す際、単純な円形をもって表すことがあります。いわゆる円相図（えんそうず）です。しかし、仙厓という禅僧は「○」「△」「□」の3つの図形でなにかを表しました。悟りに至る道程を表している、この世のすべてを3つの図形に代表させたなど、さまざまな説がいわれていますが、解説文がついていないため、真相は謎のままです。

謎に包まれた仙厓の『○△□』。

Q④ ほかに、どんな仏画があるの？

A たとえば、地獄草紙です。

平安時代後期から鎌倉時代にかけて、六道輪廻（りくどうりんね）の思想が流行しました。そんな世相を背景に、地獄の凄惨（せいさん）な様子を描いて絵巻にしたのが地獄草紙です。テーマは恐ろしく醜いものですが、色彩などの影響で美的な印象を与えてくれます。

『地獄草紙』。平安時代末期に起こった動乱が反映されているともいわれています。

Q
茶室を備えたお寺が
あるのはどうして?

東福寺芬陀院（とうふくじふんだいん）にある茶室・図南亭（となんてい）から望む庭園。多くの禅寺に茶室が設けられています。

A

お寺は茶道と深い関係があるからです。

お茶を本格的に普及させたのは禅僧・栄西（えいさい）。栄西が中国・宋（そう）からもち帰ったお茶が、各地の禅寺に植えられ、広まっていきました。

仏教の教えから生まれた
日本独特の美意識。

仏教を背景に誕生・発展した伝統文化は少なくありません。
茶道（茶の湯）、武道、華道、香道などは、
お坊さんが文化の担い手となりました。
「侘び寂び」には、仏教の精神が隠れているのです。

① お茶を日本へもたらした
栄西ってどんな人？

喫茶の文化は「茶祖」といわれる
禅僧・栄西にルーツがあります。

A 臨済宗の宗祖となった
鎌倉時代の禅僧です。

栄西は日本における臨済宗の宗祖。比叡山で学んだ後、中国・
宋へ2度留学し、1191年に帰国した際、喫茶の文化をもち帰りま
した。日本では禅僧の修行の助けに、薬用として緑茶を取り入れ
たり、お茶の効能や製法などを説いた『喫茶養生記（きっさようじょ
うき）』を将軍に献上したりしています。

② 禅と関係の深い文化はほかにもある？

A 剣道・弓道・柔道などの武道がそうです。

近世以降、武道家たちは坐禅による瞑想（めいそう）の修行を積極的に取り入れ、心を鍛錬するようになりました。
当時の武道は生死をかけたもの。それだけに、技や身体だけでなく、心気の修練が重んじられたのです。

宮本武蔵と佐々木小次郎に
よる巌流島（がんりゅうじま）
での決闘。武蔵は京都・大
徳寺の臨済宗の高僧である
沢庵宗彭（たくあんそうほう）
に師事し、禅の修行をしまし
た。武蔵の著書である『五
輪書（ごりんのしょ）』にも
禅の教えが書かれています。

③ 生け花のルーツも仏教なの？

A 華道の流派「池坊（いけのぼう）」はお寺で生まれました。

華道の家元として有名な池坊は、「六角堂（ろっかくどう）」の通称で知られる京都・頂法寺（ちょうほうじ）ではじまりました。六角堂は聖徳太子によって開かれたお寺。その住坊だったのが池坊で、池坊の名は池のほとりにあったことに由来します。室町時代に専好が出て以来、立花の名手としての地位を維持し続けています。

頂法寺（上）。本堂が六角形であることから「六角堂」と呼ばれています。
『立花図屏風（りっかずびょうぶ）』（右）。樹枝や草花を切って花器に挿し、その姿の美しさを表現するのが華道です。

④ 仏教に由来する文化をもっと教えて！

A 香道もそうです。

香道とは、お香の匂いを鑑賞する芸道のことです。古来インドでは、お香を身につける習慣があり、仏さまの供養にも取り入れられてきました。日本でも仏教伝来とともにその習慣が広まり、茶道や華道と同じく、室町時代に芸道として成立しました。現在も御家流（おいえりゅう）と志野流（しのりゅう）が二大流派として続いています。

立ち上がる芳香を楽しむのが香道です。

『山水蒔絵十種香箱』は江戸時代につくられた香道具を納めるための箱です。

Q
「灯籠流し」って
仏教の行事なの？

A

お盆の終わりに、ご先祖さまを送り出すために行われている仏教行事です。

お盆は正式には「盂蘭盆（うらぼん）」という、ご先祖さまを送り迎えする行事です。送り返すときに行うのが灯籠流し。送り火が変化したものとされています。

お寺には1年を通じて、
さまざまな行事があります。

季節の行事、仏さまゆかりの行事、宗派独自の行事……。
お寺での行事は、参拝者のご利益になるとともに、
周辺地域の活性化にもつながります。

① ナスとキュウリを、お盆にお供えするのはなぜ？

A ご先祖さまの乗り物になるからです。

お盆の時期には、ナスとキュウリに麻がらを4本ずつ刺したものをお供えします。ナスは牛、キュウリは馬を表しており、馬はご先祖さまが早く家に帰ってこられるように、牛はご先祖さまがたくさんの荷物を載せてゆっくり帰れるように、という意味があるといわれています。

ナスとキュウリはお盆が終わったら、食べずに土に埋めます。

② どうしてお彼岸におはぎを食べるの？

A もち米は五穀豊穣の象徴、赤い小豆は魔除けにつながるからです。

春と秋のお彼岸には、お墓参りなどをしてご先祖さまを供養します。その中日（ちゅうにち）にお供えした後、家族みんなで食べるのがおはぎです。もち米は五穀豊穣の象徴で、小豆の赤い色は魔除けにつながるとされているため、おはぎを食べるようになりました。

お彼岸は1週間続きますが、毎日おはぎを食べ続ける必要はありません。

③ Q 花まつりでお釈迦さまに
甘茶（あまちゃ）をかけるのはなぜ？

A お釈迦さまの伝承を
再現しているからです。

4月8日にはお釈迦さまの生誕を祝う灌仏会（かんぶつえ）、通称
「花まつり」が催され、お寺ではお釈迦さまの像に甘茶をかけて礼
拝します。伝承によると、お釈迦さまの誕生時、9匹の龍が現れ、
お釈迦さまの頭に甘露の雨をかけたそうです。その言い伝えにも
とづき、甘茶をかけているとされています。

振る舞われた甘茶を飲めば、無病息
災のご利益を得られるとされます。

④ Q 縁日（えんにち）って、どんな「ご縁」がある日なの？

A 仏さまとのご縁が
深まる日です。

お寺の境内に露店が立ち並び、多くの参拝者で賑わう縁
日。本来、縁日は仏門に入る因縁のある日のことでしたが、
いつしか仏さまが姿を現す日とみなされるようになりました。
8日は薬師如来、18日は観音菩薩、24日は地蔵菩薩な
どと決められており、その日に参拝すれば、より大きなご利
益を得られると考えられています。

新井薬師の名で知られる東京・梅照院（ば
いしょういん）の縁日。毎月8のつく日（8日・
18日・28日）が縁日となっています。

⑤ Q 大晦日に鐘をつくのはどうして？

A 煩悩を滅するため
という説があります。

大晦日（12月31日）の夜、お寺では鐘を
108回つきます。一説によると、108とは煩
悩の数で、煩悩を滅するために108回鐘を
つくといわれています。

除夜の鐘を聞くと、一年の終わりを実感します。

Q お寺のユニークな
　お祭りを教えて!

練供養は奈良・當麻寺（たいまでら）のものが有名。25人の菩薩による行列は圧巻です。

A 仏像に扮して歩く
練供養という行事があります。

練供養とは、菩薩がこの世の人々を極楽浄土へと導く様子を再現したもの。お面や衣装をつけて菩薩に扮した人々が、行列をつくって歩きまわります。

自分の目で確かめたい、
フォトジェニックなお祭り。

お寺のお祭りは、花まつりなどのよく知られた年中行事だけではありません。
仮装行列のようなお祭りや、火の粉が飛び交う大迫力のお祭り、
ふんどし一丁の男性が大暴れするお祭りなど、ユニークなものがたくさんあります。
一度は現場で体験してみてはいかがでしょうか。

Q お堂で火の粉が舞う行事って？

A 東大寺のお水取りが有名です。

東大寺の二月堂（にがつどう）では、毎年3月上旬から中旬にかけて、お水取りの名で広く知られている修二会（しゅにえ）の儀式が行われます。その儀式のなかで最もドラマチックなのが「おたいまつ」と呼ばれる場面。二月堂の欄干に燃え盛る松明（たいまつ）が掲げられ、火の粉が振り落ちるのです。この火の粉は無病息災をもたらすといわれ、多くの参拝客が集まります。

美しい松明の炎が東大寺
二月堂を照らします。

② 阿波踊りも仏教と関係があるの？

A 先祖供養の仏教行事が
ルーツと考えられています。

「踊る阿呆（あほ）に見る阿呆、同じ阿呆なら踊らにゃ損々（そんそん）」の歌い出しで知られる徳島の阿波踊り。この夏の風物詩の原型は、先祖供養の仏教行事である盂蘭盆会（うらぼんえ）に行われた精霊（しょうりょう）踊りだと考えられています。戦国時代末期、徳島城の落成祝いの際に城主が町人たちに無礼講（ぶれいこう）を許すと、酔った人々がはちゃめちゃに踊り狂い、現在のような形に発展したと伝わります。

徳島の阿波踊り。現在では徳島のみならず、全国各地で阿波踊りのイベントが行われています。

③ お寺の裸祭り
について教えて！

A 西大寺（さいだいじ）では裸の男たちが
お札争奪戦を繰り広げます。

岡山・西大寺や岩手・黒石寺（こくせきじ）、大阪・四天王寺など、定期的に裸祭りを開催しているお寺があります。なかでも西大寺の裸祭りは数千〜1万人もの男性が参加する大規模なもので、「日本三大裸祭り」のひとつに数えられています。1510年、このお寺で福を招く守護札が配られたとき、参拝者の頭上に投げられたお札をめぐって、裸の男たちが争奪戦を繰り広げました。それ以来、裸祭りが恒例行事になったそうです。

毎年2月に行われる西大寺の裸祭り。

④ もっと爽やかな
お祭りはないの？

A 正寿院（しょうじゅいん）の風鈴祭りは
どうでしょうか。

京都・正寿院では、毎年夏になると約2000個もの風鈴が境内を彩る"風鈴寺"になります。風が吹けば、光り輝く風鈴たちが協奏曲を奏でながら踊り出し、参拝客を涼ませてくれます。

正寿院の風鈴祭り。涼を求めて参拝する人が殺到します。

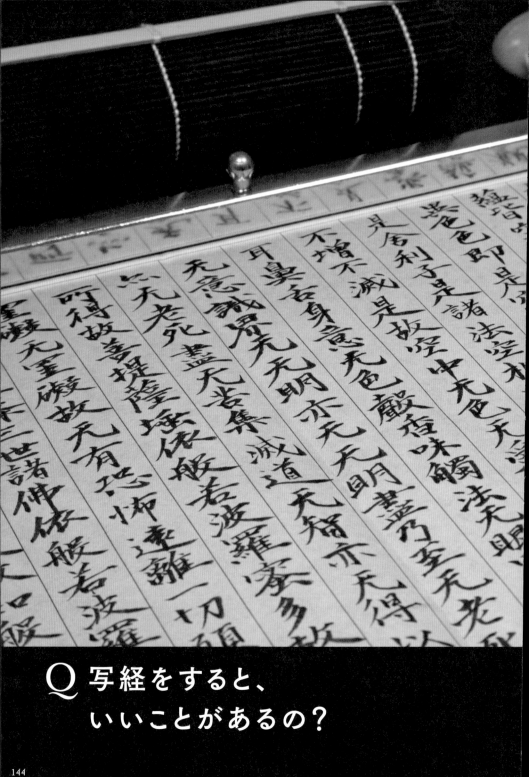

Q 写経をすると、
　いいことがあるの？

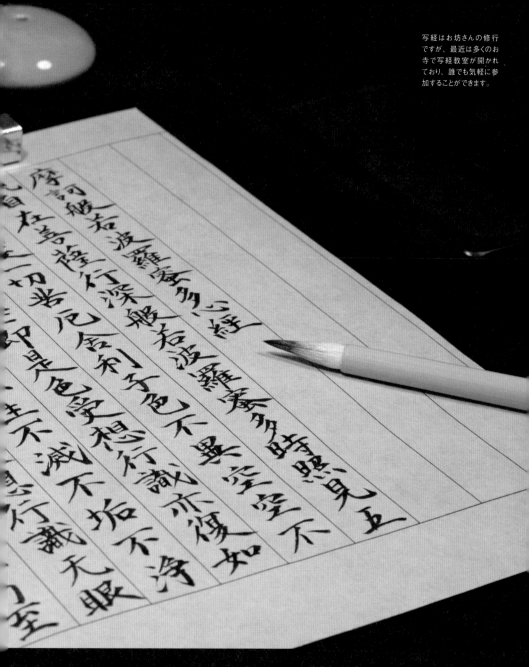

写経はお坊さんの修行ですが、最近は多くのお寺で写経教室が開かれており、誰でも気軽に参加することができます。

A ありがたいご利益が得られる
と考えられています。

お経には、お釈迦さまの教えが書かれています。それを自分の手で書き写すことにより、先祖供養や病気平癒のご利益を得られるといわれています。

写経・坐禅・修行・精進料理……、
お寺で仏教を積極的に楽しむ。

仏教は小難しいものというイメージをもたれがちです。
確かに難解な面もありますが、そればかりではありません。
お寺に足を運び、実際に体験してみれば、
仏教が一気に身近に感じられることでしょう。

① 写経で人気の『般若心経（はんにゃしんぎょう）』って、どんなお経？

A 全部で262文字と、とても短いお経です。

お寺の写経教室でおなじみのお経といえば、『般若心経』をおいてほかにありません。これは全部で262文字という非常に短いお経ですが、その短いなかに仏教のエッセンスが詰め込まれています。だからこそ、写経や読経（どきょう）で絶大な人気を誇っているのです。

京都・神護寺（じんごじ）に伝わる平安時代の『般若心経』。

② 坐禅中にお坊さんが発する「喝（かつ）」って、どんな意味があるの？

A 叱咤激励（しったげきれい）の意味があります。

お寺の坐禅会に参加すると、お坊さんの「喝！」という大きな声とともに、木製の棒のようなもので肩を叩かれることがあります。喝とは、修行者に対して叱咤激励の意味で使う禅宗の言葉。坐禅会では眠かったり、疲れていたりする人を集中させるために使われます。

写経会とともにお寺の坐禅会も人気です。最近は外国人の参加者も珍しくありません。

Q③ 滝に打たれる修行ができるお寺はある?

A 七宝瀧寺で滝行を体験できます。
しっぽうりゅうじ

滝行は、いかにも「修行」のイメージを感じさせる行法といえるでしょう。滝壺に入り、滝に打たれながらお経を唱えると、大きなご利益を得られそうです。滝行を体験できるお寺はそう多くはありませんが、修験道(しゅげんどう)の霊場でもある大阪・七宝瀧寺では、全国各地から集まった修行者による滝行が行われており、一般の人も予約すると滝行を体験できるようになっています。

七宝瀧寺の「行者(ぎょうじゃ)の滝」での滝行。女性も参加可能です。

Q④ 精進料理で代表的な料理を教えて!
しょうじん

A 定番は胡麻豆腐です。
ごまどうふ

肉や魚をいっさい使わず、大豆、麩(ふ)などの植物性たんぱく質のほか、季節の野菜などを使ってつくるお寺の精進料理。定番はすったゴマにくず粉と水を加えて火にかけて練り上げ、固めてつくった胡麻豆腐です。そのほか、野菜の天ぷらや田楽、おひたしなどもよく出されます。ちなみに、ニンニク、ニラ、ラッキョウなど、精のつく野菜を使うのはNGとされています。

高野山・西南院(さいなんいん)の精進料理。精進料理を楽しめるお寺は、意外とたくさんあります。

147

全国お寺マップ

都府県別

※本書で紹介した124寺。

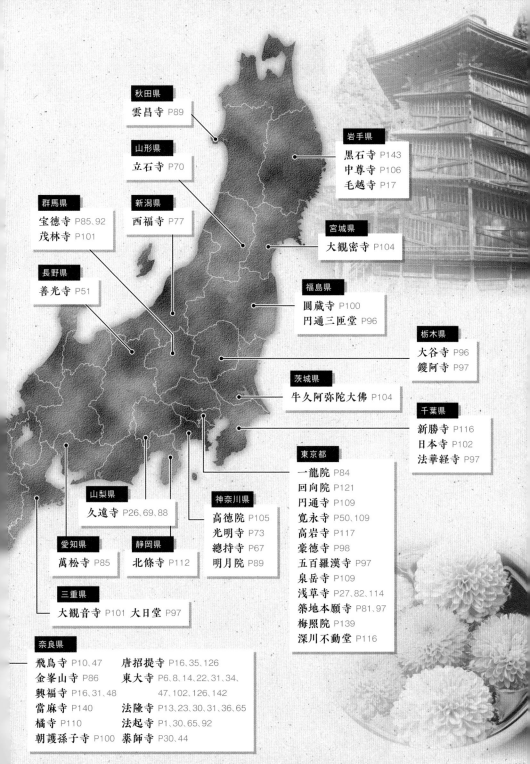

149

全国お寺データリスト

中尊寺 P106

所 在 地 ● 岩手県西磐井郡平泉町平泉衣関202
宗　　派 ● 天台宗
本　　尊 ● 釈迦如来
山　　号 ● 関山

立石寺 P70

所 在 地 ● 山形県山形市大字山寺4456-1
宗　　派 ● 天台宗
本　　尊 ● 薬師如来
山　　号 ● 宝珠山

雲昌寺 P89

所 在 地 ● 秋田県男鹿市北浦北浦字北浦57
宗　　派 ● 曹洞宗
本　　尊 ● 釈迦如来
山　　号 ● 北浦山

茂林寺 P101

所 在 地 ● 群馬県館林市堀工町1570
宗　　派 ● 曹洞宗
本　　尊 ● 釈迦如来
山　　号 ● 青龍山

神社名	所在地	宗派	本尊	山号	掲載ページ
黒石寺	岩手県奥州市水沢黒石町字山内17	天台宗	薬師如来	妙見山	P143
毛越寺	岩手県西磐井郡平泉町平泉字大沢58	天台宗	薬師如来	医王山	P17
大観密寺	宮城県仙台市泉区実沢字中山南31-36	真言宗	白衣観音菩薩	新界山	P104
圓蔵寺	福島県河沼郡柳津町大字柳津字寺家町甲176	妙心宗	虚空蔵菩薩	霊巌山	P100
円通三匝堂	福島県会津若松市一箕町八幡滝沢155	—	—	—	P96
牛久阿弥陀大佛	茨城県牛久市久野町2083	浄土真宗	阿弥陀如来	—	P104
大谷寺	栃木県宇都宮市大谷町1198	天台宗	千手観音菩薩	天開山	P96
鑁阿寺	栃木県足利市家富町2220	真言宗	大日如来	金剛山	P97
宝徳寺	群馬県桐生市川内町5-1608	臨済宗	釈迦如来	大光山	P85,92
新勝寺	千葉県成田市成田1	真言宗	不動明王	成田山	P116
日本寺	千葉県安房郡鋸南町元名184	曹洞宗	薬師如来	乾坤山	P102

全124寺

寛永寺 P50、109

- 所在地 ● 東京都台東区上野桜木1-14-11
- 宗 派 ● 天台宗
- 本 尊 ● 薬師如来
- 山 号 ● 東叡山

豪徳寺 P98

- 所在地 ● 東京都世田谷区豪徳寺2-24-7
- 宗 派 ● 曹洞宗
- 本 尊 ● 釈迦如来
- 山 号 ● 大谿山

築地本願寺 P81、97

- 所在地 ● 東京都中央区築地3-15-1
- 宗 派 ● 浄土真宗
- 本 尊 ● 阿弥陀如来
- 山 号 ● ―

高徳院 P105

- 所在地 ● 神奈川県鎌倉市長谷4-2-28
- 宗 派 ● 浄土宗
- 本 尊 ● 阿弥陀如来
- 山 号 ● 大異山

神社名	所在地	宗派	本尊	山号	掲載ページ
法華経寺（ほけきょうじ）	千葉県市川市中山二丁目10-1	日蓮宗	十界曼荼羅	正中山	P97
一龍院（いちりゅういん）	東京都調布市入間町1-38-1	日蓮宗	釈迦如来	修弘山	P84
回向院（えこういん）	東京都墨田区両国2-8-10	浄土宗	阿弥陀如来	諸宗山	P121
円通寺（えんつうじ）	東京都荒川区南千住1-59-11	曹洞宗	聖観音菩薩	補陀山	P109
高岩寺（こうがんじ）	東京都豊島区巣鴨3-35-2	曹洞宗	地蔵菩薩	萬頂山	P117
五百羅漢寺（ごひゃくらかんじ）	東京都目黒区下目黒3-20-11	単立	釈迦如来	天恩山	P97
泉岳寺（せんがくじ）	東京都港区高輪2-11-1	曹洞宗	釈迦如来	萬松山	P109
浅草寺（せんそうじ）	東京都台東区浅草2-3-1	聖観音宗	聖観音菩薩	金龍山	P27、82,114
梅照院（ばいしょういん）	東京都中野区新井5-3-5	真言宗	薬師如来	新井山	P139
深川不動堂（ふかがわふどうどう）	東京都江東区富岡1-17-13	真言宗	不動明王	成田山	P116
光明寺（こうみょうじ）	神奈川県鎌倉市材木座6-17-19	浄土宗	阿弥陀如来	天照山	P73

永平寺 P66、68

所 在 地	福井県吉田郡永平寺町志比5-15
宗　　派	曹洞宗
本　　尊	釈迦如来
山　　号	吉祥山

善光寺 P51

所 在 地	長野県長野市長野元善町491
宗　　派	単立
本　　尊	阿弥陀如来
山　　号	定額山

石山寺 P113

所 在 地	滋賀県大津市石山寺1-1-1
宗　　派	真言宗
本　　尊	如意輪観音菩薩
山　　号	石光山

延暦寺 P8、16、68

所 在 地	滋賀県大津市坂本本町4220
宗　　派	天台宗
本　　尊	薬師如来
山　　号	比叡山

神社名	所在地	宗派	本尊	山号	掲載ページ
總持寺	神奈川県横浜市鶴見区鶴見2-1-1	曹洞宗	釈迦如来	諸嶽山	P67
明月院	神奈川県鎌倉市山ノ内189	臨済宗	聖観音菩薩	福源山	P89
西福寺	新潟県魚沼市大浦174	曹洞宗	阿弥陀如来	赤城山	P77
清大寺	福井県勝山市片瀬50字1-1	臨済宗	毘盧舎那如来	大師山	P30
久遠寺	山梨県南巨摩郡身延町身延3567	日蓮宗	三宝尊	身延山	P26、69.88
北條寺	静岡県伊豆の国市南江間862−1	臨済宗	観音菩薩	巨徳山	P112
萬松寺	愛知県名古屋市中区大須3丁目29-12	単立	十一面観音菩薩	亀嶽林	P85
大観音寺	三重県津市白山町	真言宗	観音菩薩	寶珠山	P101
大日堂	三重県三重郡菰野町竹成	一	大日如来	大平山	P97
西教寺	滋賀県大津市坂本5-13-1	天台真盛宗	阿弥陀如来	戒光山	P113
満月寺	滋賀県大津市本堅田1-16-18	臨済宗	観音菩薩	海門山	P73

清水寺 P62
きよ みず でら

所在地 ● 京都府京都市東山区清水1-294
宗　派 ● 北法相宗
本　尊 ● 十一面千手観音菩薩
山　号 ● 音羽山

鞍馬寺 P112
くら ま でら

所在地 ● 京都府京都市左京区鞍馬本町1074
宗　派 ● 鞍馬弘教
本　尊 ● 尊天
山　号 ● 鞍馬山

建仁寺 P74、76、77
けん にん じ

所在地 ● 京都府京都市東山区大和大路四条下る小松町584
宗　派 ● 臨済宗
本　尊 ● 釈迦如来
山　号 ● 東山

西芳寺 P43
さい ほう じ

所在地 ● 京都府京都市西京区松尾神ヶ谷町56
宗　派 ● 臨済宗
本　尊 ● 阿弥陀如来
山　号 ● 洪隠山

神社名	所在地	宗派	本尊	山号	掲載ページ
愛宕念仏寺 おたぎねんぶつじ	京都府京都市右京区嵯峨鳥居本深谷町2-5	天台宗	千手観音菩薩	等覚山	P97
祇王寺 ぎおうじ	京都府京都市右京区嵯峨鳥居本小坂町32	真言宗	大日如来	高松山	P89
華厳寺 けごんじ	京都府京都市西京区松室地家町31	臨済宗	大日如来	妙徳山	P93
高山寺 こうざんじ	京都市右京区梅ヶ畑栂尾町8	単立	釈迦如来	栂尾山	P65
金戒光明寺 こんかいこうみょうじ	京都府京都市左京区黒谷町121	浄土宗	阿弥陀如来	紫雲山	P53
慈照寺 じしょうじ	京都府京都市左京区銀閣寺町2	臨済宗	釈迦如来	東山	P65
石像寺 しゃくどうじ	京都市上京区千本上立売上ル花車町503	浄土宗	地蔵菩薩	家隆山	P118
聖護院門跡 しょうごいんもんぜき	京都府京都市左京区聖護院中町15	本山修験宗	不動明王	―	P80
相国寺 しょうこくじ	京都府京都市上京区今出川通烏丸東入相国寺門前町701	臨済宗	釈迦如来	萬年山	P17
正寿院 しょうじゅいん	京都府綴喜郡宇治田原町奥山田川上149	真言宗	十一面観音菩薩	慈眼山	P76、143
青蓮院門跡 しょうれんいんもんぜき	京都府京都市東山区粟田口三条坊町69-1	天台宗	熾盛光如来	―	P78

神護寺 P35
じんごじ

所 在 地 ● 京都府京都市右京区梅ヶ畑高雄町5
宗　　派 ● 真言宗
本　　尊 ● 薬師如来
山　　号 ● 高雄山

大徳寺 P124、134
だいとくじ

所 在 地 ● 京都府京都市北区紫野大徳寺町53
宗　　派 ● 臨済宗
本　　尊 ● 釈迦如来
山　　号 ● 龍宝山

天龍寺 P43
てんりゅうじ

所 在 地 ● 京都府京都市右京区嵯峨天龍寺芒ノ馬場町68
宗　　派 ● 臨済宗
本　　尊 ● 釈迦如来
山　　号 ● 霊亀山

仁和寺 P26、35
にんなじ

所 在 地 ● 京都府京都市右京区御室大内33
宗　　派 ● 真言宗
本　　尊 ● 阿弥陀如来
山　　号 ● 大内山

神社名	所在地	宗派	本尊	山号	掲載ページ
随心院 ずいしんいん	京都府京都市山科区小野御霊町35	真言宗	如意輪観音菩薩	牛皮山	P76、121
泉涌寺 せんにゅうじ	京都府京都市東山区泉涌寺山内町27	真言宗	釈迦如来	東山	P50
大雲院 だいうんいん	京都府京都市東山区祇園町南側594-1	単立	阿弥陀如来	龍池山	P65
醍醐寺 だいごじ	京都府京都市伏見区醍醐東大路町22	真言宗	薬師如来	醍醐山	P27、42、158
知恩院 ちおんいん	京都府京都市東山区林下町400	浄土宗	阿弥陀如来	華頂山	P26、68
頂法寺 ちょうほうじ	京都府京都市中京区六角通東洞院西入堂之前町248	単立	如意輪観音菩薩	紫雲山	P135
東寺 とうじ	京都府京都市南区九条町1	真言宗	薬師如来	八幡山	P28、30、64
東福寺 とうふくじ	京都府京都市東山区本町15-778	臨済宗	釈迦如来	慧日山	P32、80、89、133
南禅寺 なんぜんじ	京都府京都市左京区南禅寺福地町86	臨済宗	釈迦如来	瑞龍山	P24
西本願寺 にしほんがんじ	京都府京都市下京区堀川通花屋町下る本願寺門前町	浄土真宗	阿弥陀如来	龍谷山	P68、69
東本願寺 ひがしほんがんじ	京都府京都市下京区烏丸通七条上る	浄土真宗	阿弥陀如来	―	P69

法観寺 （ほうかんじ）　P73

所 在 地 ● 京都府京都市東山区八坂通下河原東入る八坂上町388
宗　　派 ● 臨済宗
本　　尊 ● 五智如来
山　　号 ● 霊応山

萬福寺 （まんぷくじ）　P38、69、127

所 在 地 ● 京都府宇治市五ヶ庄三番割34
宗　　派 ● 黄檗宗
本　　尊 ● 釈迦如来
山　　号 ● 黄檗山

妙心寺 （みょうしんじ）　P68

所 在 地 ● 京都府京都市右京区花園妙心寺町64
宗　　派 ● 臨済宗
本　　尊 ● 釈迦如来
山　　号 ● 正法山

龍安寺 （りょうあんじ）　P43、90

所 在 地 ● 京都府京都市右京区龍安寺御陵下町13
宗　　派 ● 臨済宗
本　　尊 ● 釈迦如来
山　　号 ● 大雲山

神社名	所在地	宗派	本尊	山号	掲載ページ
毘沙門堂 勝林寺 （びしゃもんどうしょうりんじ）	京都府京都市東山区本町15-795	臨済宗	毘沙門天	一	P81
平 等 院 （びょうどういん）	京都府宇治市宇治蓮華116	単立	阿弥陀如来	朝日山	P17
佛光寺 （ぶっこうじ）	京都府京都市下京区新開町397	浄土真宗	阿弥陀如来	渋谷山	P35
方広寺 （ほうこうじ）	京都市東山区茶屋町527-2	天台宗	盧舎那仏	一	P38
宝 積 寺 （ほうしゃくじ）	京都府乙訓郡大山崎町銭原1	真言宗	十一面観音菩薩	天王山	P120
宝泉院 （ほうせんいん）	京都府京都市左京区大原勝林院町187	天台宗	阿弥陀如来	一	P40
宝蔵寺 （ほうぞうじ）	京都府京都市中京区裏寺町通り蛸薬師上る裏寺町587	浄土宗	阿弥陀如来	無量山	P85
本能寺 （ほんのうじ）	京都府京都市中京区寺町通御池下ル下本能寺前町522	日蓮宗	「南無妙法蓮華経」	卯木山	P108
三室戸寺 （みむろとじ）	京都府宇治市莵道滋賀谷21	本山修験宗	千手観音菩薩	明星山	P81
楊谷寺 （ようこくじ）	京都府長岡京市浄土谷堂ノ谷2	浄土宗	十一面千手千眼観音菩薩	立願山	P81
来迎院 （らいごういん）	京都府京都市東山区泉涌寺山内町33	真言宗	阿弥陀如来	明応山	P77

四天王寺 （してんのうじ） P13、20、23、117、143

所 在 地 ● 大阪府大阪市天王寺区四天王寺1-11-18
宗　　派 ● 和宗
本　　尊 ● 救世観音菩薩
山　　号 ● 荒陵山

安国寺 （あんこくじ） P92

所 在 地 ● 兵庫県豊岡市但東町相田327
宗　　派 ● 臨済宗
本　　尊 ● 釈迦如来
山　　号 ● 太平山

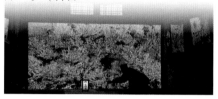

飛鳥寺 （あすかでら） P10、47

所 在 地 ● 奈良県高市郡明日香村飛鳥682
宗　　派 ● 真言宗
本　　尊 ● 釈迦如来
山　　号 ● 鳥形山

興福寺 （こうふくじ） P16、31、48

所 在 地 ● 奈良県奈良市登大路町48
宗　　派 ● 法相宗
本　　尊 ● 釈迦如来
山　　号 ● ─

神社名	所在地	宗派	本尊	山号	掲載ページ
瑠璃光院（るりこういん）	京都府京都市左京区上高野東山55	浄土真宗	阿弥陀如来	─	P4
霊鑑寺（れいかんじ）	京都府京都市左京区鹿ヶ谷御所ノ段町	臨済宗	如意輪観音菩薩	円成山	P88
鹿苑寺（ろくおんじ）	京都府京都市北区金閣寺町1	臨済宗	観音菩薩	北山	P65
愛染堂 勝鬘院（あいぜんどうしょうまんいん）	大阪府大阪市天王寺区夕陽丘町5-36	和宗	愛染明王	荒陵山	P121
一心寺（いっしんじ）	大阪府大阪市天王寺区逢阪2丁目8-69	浄土宗	阿弥陀如来	坂松山	P117
七宝瀧寺（しっぽうりゅうじ）	大阪府泉佐野市大木8	真言宗	不動明王	犬鳴山	P147
瀧安寺（りゅうあんじ）	大阪府箕面市箕面公園2-23	本山修験宗	弁財天	箕面山	P120
清 荒神清澄寺（きよしこうじんせいちょうじ）	兵庫県宝塚市米谷字清シ1	真言三宝宗	大日如来	蓬莱山	P39
金峯山寺（きんぶせんじ）	奈良県吉野郡吉野町吉野山2498	金峯山修験本宗	蔵王権現	国軸山	P86
當麻寺（たいまでら）	奈良県葛城市當麻1263	真言宗・浄土宗	當麻曼荼羅	二上山	P140
橘 寺（たちばなでら）	奈良県高市郡明日香村橘532	天台宗	聖徳太子	仏頭山	P110

金剛峯寺 （こんごうぶじ） P8、16、68

所 在 地 ● 和歌山県伊都郡高野町高野山132
宗　　派 ● 真言宗
本　　尊 ● 薬師如来
山　　号 ● 高野山

南蔵院 （なんぞういん） P105

所 在 地 ● 福岡県糟屋郡篠栗町大字篠栗1035
宗　　派 ● 真言宗
本　　尊 ● 阿弥陀如来
山　　号 ● 岩陰山

神社名	所在地	宗派	本尊	山号	掲載ページ
朝護孫子寺 （ちょうごそんしじ）	奈良県生駒郡平群町信貴山2280-1	真言宗	毘沙門天	信貴山	P100
唐招提寺 （とうしょうだいじ）	奈良県奈良市五条町13-46	律宗	盧舎那仏	―	P16、35、126
東大寺 （とうだいじ）	奈良県奈良市雑司町406-1	華厳宗	盧舎那仏	―	P6、8、14、22、31、34、47、102、126、142
法隆寺 （ほうりゅうじ）	奈良県生駒郡斑鳩町法隆寺山内1-1	聖徳宗	釈迦如来	―	P13、23、30、31、36、65
法起寺 （ほっきじ）	奈良県生駒郡斑鳩町岡本1873	聖徳宗	十一面観音菩薩	岡本山	P1、30、65、92
薬師寺 （やくしじ）	奈良県奈良市西ノ京町457	法相宗	薬師如来	―	P30、44
西南院 （さいなんいん）	和歌山県伊都郡高野町高野山249	真言宗	太元師明王	―	P147
善名称院 （ぜんみょうしょういん）	和歌山県伊都郡九度山町九度山1413	真言宗	地蔵菩薩	伽羅陀山	P108
青岸渡寺 （せいがんとじ）	和歌山県東牟婁郡那智勝浦町那智山8	天台宗	如意輪観音菩薩	那智山	P72
根来寺 （ねごろじ）	和歌山県岩出市根来2286	真言宗	大日如来	一乗山	P31
三佛寺 （さんぶつじ）	鳥取県東伯郡三朝町三徳1010	天台宗	釈迦如来	三徳山	P94
浄善寺 （じょうぜんじ）	島根県大田市三瓶町池田2146	浄土真宗	阿弥陀如来	西谷山	P93
西大寺 （さいだいじ）	岡山県岡山市東区西大寺中3-8-8	真言宗	千手観音菩薩	金陵山	P143
備中国分寺 （びっちゅうこくぶんじ）	岡山県総社市上林1046	真言宗	薬師如来	日照山	P160
神勝寺 （しんしょうじ）	広島県福山市沼隈町大字上山南91	臨済宗	弥勒菩薩	天心山	P81
千光寺 （せんこうじ）	広島県尾道市東土堂町15-1	単立	千手観音菩薩	大宝山	P2、72
晧台寺 （こうたいじ）	長崎県長崎市寺町1-1	曹洞宗	釈迦三尊	海雲山	P113

★ 写真提供

カバー（表）	アフロ	P90	田中重樹／アフロ
カバー（裏）	石井正孝／アフロ	P106	中尊寺
P10	KENJI GOSHIMA／アフロ	P110	西川貴之／アフロ
P22	東阪航空サービス／アフロ	P117	一心寺
P44	薬師寺	P122	首藤光一／アフロ
P48	興福寺／飛鳥園	P136	アールクリエイション／アフロ
P50	泉涌寺	P140	和田恵三／アフロ
P60	國學院大學博物館		
P66	高石知英／アフロ		
P70	縄手英樹／アフロ		
P73中	矢野光則／アフロ		
P81中	Nobutada OMOTE／Sandwich		

P12上・34上・42上・52・53下・54・55・56・57・58・59・61・65下・124・126下・127上下・128・129・130・131・135中下・146
国立文化財機構所蔵品統合検索システム
ColBase(https://colbase.nich.go.jp/)

★ 主な参考文献（順不同）

・『仏教通史』平川彰（春秋社）
・『古寺名刹大辞典』金岡秀友編集（東京堂出版）
・『探訪 日本の古寺』相賀徹夫編集（小学館）
・『古寺をゆく』小学館「古寺をゆく編集部」編集（小学館）
・『京都の禅寺散歩』竹貫元勝（雄山閣出版）
・『日本の10大庭園』重森千青（祥伝社）
・『入門 奈良・京都の古寺』井上裕務編集（洋泉社）
・『日本仏教宗派のすべて』大法輪編集部編集（大法輪閣）
・『お寺と神社の作法ブック』田中治郎（学習研究社）

★ 松島龍戒（まつしま・りゅうかい）

1968年、神奈川県生まれ。文教大学人間科学部卒業、高野山大学大学院文学研究科修士課程修了。高野山の寶壽院・専修学院での修行を経て、高野山真言宗の僧侶となる。1994年より東京・巣鴨にある功徳院住職。仏道普及、墓地問題に取り組む一方、一般社団法人現代仏教音楽研究会を主宰し、寺、コンサートホール、病院、施設などで仏教音楽ライブを開催している。仏事、お経、音楽などの知識を生かして、バラエティ番組、情報番組、音楽番組などのテレビ出演も多い。著書に『今どきの仏事108問答』『癒やしの声明CDブック』（WAVE出版）、『おやすみ前の3分音読で嫌なことがスーッと消えるほとけさまの話』（徳間書店）、『CD付き 書く、唱える、聴く 般若心経手習い帖』（池田書店）、監修書に『ご利益別 仏像おまいり入門』（ナツメ社）、『新発見！ 日本の古寺』（三栄書房）などがある。
ホームページ：https://www.tera.or.jp/

京都・醍醐寺（だいごじ）
の唐門（からもん）。

世界でいちばん素敵な

お寺の教室

2021年8月15日　第1刷発行

定価(本体1,600円+税)

監修	松島龍戒
編集	ロム・インターナショナル
写真協力	アフロ、PIXTA、photolibrary
装丁	公平恵美
本文DTP	伊藤知広(美創)

発行人	塩見正孝
編集人	神浦高志
販売営業	小川仙丈
	中村崇
	神浦絢子

印刷・製本　図書印刷株式会社

発行　株式会社三才ブックス
〒101-0041
東京都千代田区神田須田町2-6-5 OS'85ビル 3F
TEL：03-3255-7995
FAX：03-5298-3520
http://www.sansaibooks.co.jp/
mail：info@sansaibooks.co.jp
facebook　https://www.facebook.com/yozora.kyoshitsu/
Twitter　https://twitter.com/hoshi_kyoshitsu
Instagram　https://www.instagram.com/suteki_na_kyoshitsu/

岡山・備中国分寺（びっちゅう
こくぶんじ）の月の出。